本册编委

主　编　周　茹　张　于
副主编　韩　雪　郭　娟　董立君　卜晓妹

编　委　李冬梅　陆　涵　马小越　王海英
　　　　王晓钐　吴晓靓　徐志超　闫凤雪
　　　　张　伟　张文霞　赵　岚　赵　馨

中小学心理健康教育教师专业素养提升丛书

盖笑松　刘晓明 / 总主编

中小学心理健康教育教师实践技能进阶

ZHONGXIAOXUE XINLI JIANKANG JIAOYU JIAOSHI
SHIJIAN JINENG JINJIE

主　编／周　茹　张　于

副主编／韩　雪　郭　娟　董立君　卜晓妹

东北师范大学出版社

长　春

图书在版编目（CIP）数据

中小学心理健康教育教师实践技能进阶 / 周茹，张
于主编. --长春：东北师范大学出版社，2024.7.
（中小学心理健康教育教师专业素养提升丛书 / 盖笑松，
刘晓明总主编）. -- ISBN 978 - 7 - 5771 - 1649 - 5

Ⅰ. G444

中国国家版本馆 CIP 数据核字第 2024V4Y658 号

□责任编辑：刘　会　□封面设计：张　然
□责任校对：黄　敏　□责任印制：侯建军

东北师范大学出版社出版发行
长春净月经济开发区金宝街 118 号（邮政编码：130117）
联系电话：0431—84568164
网址：http：// www.nenup.com
东北师范大学音像出版社制版
吉林省良原印业有限公司印装
长春市净月小合台工业区（邮政编码：130117）
2024 年 9 月第 1 版　2024 年 9 月第 1 次印刷
幅面尺寸：170mm×240mm　印张：15.5　字数：250 千

定价：58.00 元

目　录 | MU LU

第六章
中小学生心理危机的干预处置　　204

第一章

中小学心理健康教育课程的

重点内容与实施方式

第一节
中小学心理健康教育课程的重点内容

中小学心理健康教育课程的主要内容包括自我意识、人际关系、学习心理和社会生活等，以引导中小学生形成正确的自我意识、和谐的人际关系、积极的人格品质和良好的学习适应能力，促进中小学生身心的健康发展。

一、自我意识的教育与辅导

自我意识的教育与辅导是指运用心理健康教育的理论与技术，帮助中小学生科学地认识自我、接纳自我和管理自我，促进中小学生形成良好的自我概念、完善发展自我的意识，形成自尊、自信、自爱、自强的健康人格的教育活动，主要包括自我认识、自我接纳和自我完善三方面的教育与辅导工作。

（一）自我认识的教育与辅导

自我认识的教育与辅导是要培养中小学生正确认识自己的生理状态、心理特征以及自己与周围人的关系，促进自我意识的健康发展，形成良好的自我概念。客观准确地认识自我是发展自我意识的前提。一个人只有对自我有全面的评价，才能发现自己的不足，看到自己的优势，最大限度地挖掘自身潜质。

自我认识的难处在于自己认识自己。中小学生在很大程度上要依靠他人，特别是教师对自己的评价来认识自己。自我既是认识的主体，又是认识的客体，要使认识具有全面性、正确性，就需要借助各种正确的参考系。只有打破自我封闭，扩大生活范围，增加生活阅历，扩展交往空间，积极参加活动，强化社会实践，才能找到多种参考系，更全面地认识自我。

(二) 自我接纳的教育与辅导

自我接纳是指个体认可和肯定真实的自我。自尊者对自我充满信心，乐于接受对自我的教育和要求，有利于形成正确的自我意识。自卑者片面夸大自己的缺点，以消极的态度拒绝自我，甚至否认自我的存在价值，阻碍了正确自我意识的形成。在自我接纳的教育与辅导过程中，教师应有意识地采取有效措施，培养和提高中小学生的自尊心和自信心。

(三) 自我完善的教育与辅导

自我完善是指中小学生在实现自己理想或目标的过程中，有意识地调控自己的心理和行为，发挥自己的主观能动性，主动地将自己看作教育对象，积极寻找提升自我的机会。自我完善的教育与辅导旨在教育中小学生确立有价值的自我目标，引导其学会自我管理，学会处理自我意识方面的困扰，努力改善自我。

二、人际关系的教育与辅导

对于中小学生来说，人际关系主要有同伴关系、师生关系和亲子关系，这三种人际关系的特点在小学阶段和中学阶段是不同的。从小学起，学生们逐渐更重视同伴关系，从服从教师的权威转变为对教师品头论足，从和谐的亲子关系转变为对父母的反抗。

(一) 同伴关系的教育与辅导

同伴关系是指由具有相同年龄特征的小群体构成的人际关系，中小学生的社会互动大部分是在团体中进行的。同伴关系可分为同伴接纳、友谊关系两种。同伴接纳是指个体在同伴中受欢迎的程度，反映的是群体对个体的态度，通常采用同伴报告、自我报告及教师报告的方式进行测量，分为受欢迎、受拒绝、被忽视、矛盾型及一般型几种；友谊关系是指建立在利益一致和相互依恋基础上的个人之间关系的一种形式，反映的是两个个体之间的情感联系，中小学生强调朋友之间的相互理解、信任和忠诚，友谊关系分为"有朋友""朋友的一致性""友谊质量"三个维度。良好的同伴关系能让中小学生拥有较多的支持性资源并获得心理安全感,让中小学生较少体验到孤独、沮丧等消极情绪。同伴作为中小学生成长与发展过程中的重要交流对象,不仅能为中小学生提供必要的情感支持,而且能促进中小学生的身心发展,为提高其学业成就保驾护航。教师要认识到中小学生的社会交往和良好同伴关系对提高其适应能力和学业成就的重要性,积极创造条件帮助中小学生提高同伴交往能力、发展良好同伴关系。

(二)师生关系的教育与辅导

师生关系是指教师和学生在教育教学过程中形成的多性质、多层次的关系体系。从心理学角度来看,师生关系指师生在互动过程中所形成的认知、情感、行为等方面的关系,是一种心理关系。师生关系与亲子关系不同,它是由社会角色规定的,体现了教育者和被教育者、领导者和被领导者之间的关系,并带有明显的教育性质。研究者们针对师生关系与中小学生心理发展之间的关系做了大量研究,认为师生关系对中小学生的学校适应、社会性行为、自我意识、学习成绩等都有显著影响。

随着年龄的增长,中小学生的交往观念、交往行为都发生了变化。对小学三年级到六年级师生关系特点的研究发现,小学生的师生关系具有亲密性、反应性和冲突性的特点;在小学的不同年级,师生关系在这几个方面有不同的表现,五年级小学生表现出高亲密、高反应和高冲突的特点,六年级小学生则表现出低亲密、低反应、低冲突的特点。一旦进入中学,学生们不再无条件地服从自己的老师,而是开始重新审视教师的观点,对自己的老师品头论足。

(三)亲子关系的教育与辅导

亲子关系是子女与父母之间建立的一种人际关系,它是在家庭生活中逐渐形成并发展起来的。亲子关系是中小学生接触最早、持续时间最长的一种人际关系,与同伴关系和师生关系相比,更具稳定性。

随着中小学生独立性的增强,他们对家人的依恋逐渐减弱,亲子关系发生了微妙的变化。从形式上看,中小学生和父母交往的时间逐渐减少,更多地依靠语言交流,和父母的身体接触逐渐减少。从内容上看,父母从以关注中小学生生活为主转变为以关注中小学生学习为主,从以抚育为主转变为以教育为主。父母对中小学生的控制力量也在变化。有研究表明，随着年龄的增长，中小学生越来越多地自己做出决策。

亲子关系的教育与辅导就是教育中小学生学会站在父母的角度看问题，明白家庭矛盾和冲突的普遍性，更多地理解父母，尊重父母，有效地与父母沟通；同时使父母更好地理解子女，尊重子女，满足子女的合理需要，更新教育观念，采取恰当的教养态度，正确处理代沟问题，以形成和谐的亲子关系。

三、学习心理的教育与辅导

学习是中小学生的主要活动。在学校里，中小学生不仅能系统地学习科学文化知识，还能通过教师的言传身教、与同学们的交往互动，提升心理素养。

（一）学习动机的教育与辅导

学习动机是指引发与维持中小学生的学习行为，并使之指向一定学业目标的一种动力倾向。中小学生的学习动机可分为两类，一是远大的、与社会意义相联系的动机，二是直接与学习活动本身相联系的动机。

由于受心理发展水平和知识经验的制约，小学生的主要学习动机是直接与学习活动本身相联系的。随着年龄的增长，在班集体的影响下，学生逐渐理解学习的社会意义，并把成为班里优秀的学生、做同学的榜样、成为对社会有用的人等作为自己的学习动机。

（二）学习策略的教育与辅导

学习策略是指中小学生在学习过程中为了提高学习效率，有目的地使用的学习方法、程序和技巧等。学习策略既可以是内隐的规则系统，又可以是外显的操作程序。迈克卡将学习策略概括为认知策略、元认知策略和资源管理策略三种。学习策略的教育与辅导就是要教会中小学生掌握有效的学习策略，使他们产生学习兴趣，提高学习能力。

（三）考试焦虑的教育与辅导

考试是检验中小学生学业水平的一种常用教育手段。随着社会发展和教学改革，考试的内容和方式都发生了新的变化，但其评估教学质量，检验学习效果的功能没有改变。考试是中小学生面临的主要应激源之一,对中小学生的身心健康具有很大影响。在考试及准备考试的过程中,维持一定程度的紧张是必要的。但是,当中小学生表现为高度焦虑和紧张时,就会导致学习效率降低。

四、社会生活的教育与辅导

教育教学工作者除了要关注处在身心快速发展时期的中小学生的自我意识、人际关系、学习心理等问题外,还应重点关注对其进行包括情绪教育、休闲教育在内的社会生活教育,这对中小学生心理的健康发展具有重要作用。

(一)情绪教育与辅导

情绪是个体对客观事物的态度体验以及相应的行为反应,它是以主体的愿望和需要为中介的一种心理活动,由主观体验、外部表现和生理唤醒三部分组成。情绪、情感有传递信息、沟通思想的社会功能,不仅对中小学生的心理和行为活动起着重要的调节作用,而且对中小学生的身心健康有重要影响。

中小学生在学习生活、实践活动中能接触到更多的人和事,伴随着认知能力的发展,中小学生的情感也进一步发展和变化着。情绪辅导是指运用心理健康教育理论和技术,帮助中小学生认识、接纳和恰当地表达自己的情绪,识别他人的情绪并有效地与人沟通,掌握控制、疏导不良情绪的适当渠道和方式,防止和克服消极、冲突的情感,培养良好情感品质的一种教育活动。

(二)休闲教育与辅导

休闲教育是指引导中小学生利用休闲时间积极参加课外阅读活动和社会实践,使中小学生能够有更多的时间根据自己的兴趣去观察、操作和思考,促进中小学生的个性和身心全面发展,提高中小学生的创新能力和思维能力等。休闲教育有助于中小学生在学习活动过程中学会生活。首先,休闲教育能使中小学生学会正确休闲,帮助中小学生以更加积极、昂扬的精神状态,主动投入学习生活中,更好地了解学习的意义和价值,并通过高效率的学习为实现自我价值打下良好基础。其次,休闲教育能使中小学生充分发挥想象力和创造力,最大限度地挖掘才能和潜力,获得创新而又高质量的学习生活。最后,休闲教育有助于中小学生改变自己的不良生活习惯和爱好,培养高尚的情趣,增长新的知识与技能，不断地丰富与完善自己，提高自己的生活质量和生活情趣。

　　休闲辅导是生活辅导的一部分，能够帮助中小学生形成正确的休闲态度，树立高尚的休闲目标，提高休闲生活的质量，丰富课余生活，形成良好的人格和高尚的情操。休闲辅导主要包括三个方面的内容：一是了解休闲功能。休闲具有放松身心、促进中小学生心理健康和满足中小学生爱好的功能。二是选择休闲活动。休闲活动从内容上可分为娱乐、体育、交流、审美、知识五个方面，教师要教育中小学生选择那些能增强精神力量、丰富精神生活、获取精神财富的休闲活动。三是要懂得休闲伦理。拒绝负面的、有害的休闲方式，遵守社会公德和社会秩序，不损害他人的健康和利益。

（作者：王海英）

第二节
中小学心理健康教育课程的实施方法

要把一堂中小学心理健康教育课上好，组织学生积极参与活动、讨论和分享，就必须抓好三个主要环节：课程的导入环节、活动的开展环节、课程的结束环节。

一、课程导入的方法

教学过程中的课程导入是至关重要的。开始上课时，教师的主要任务是激发学生参与活动的积极性，让学生提高兴趣和有所期待，进而更好地配合教学。课程导入有以下多种方法：

（一）活动热身法

在课程开始时，教师可以组织唱、跳、听音乐或歌曲等热身活动来调节原本比较严肃或紧张的气氛，以"激活"学生参与活动的积极性，促使学生注意集中、精神抖擞，调整心态，准备上课。热身活动的内容一般都与课堂的主题有关，且形式要符合学生的年龄特点。

（二）开门见山法

教师以生动有趣、简洁清晰的话语作为开场白，直截了当地引出要讨论的主题，以解除学生的困惑，增强其参与活动的意识性和目的性。

（三）发问法

通过提出与主题有显性或隐性关系的问题导入课程。例如，教师在一堂以"嫉妒心理"为主题的小学心理健康教育课堂开始时向学生们提问："同学们，你们知道世界上嫉妒心最强的人是谁吗？"以此导入课程。

（四）案例法

教师可选择发生在学生身边的事例，通过讲述或拍摄部分场景、让学生表演小品等形式引入课程。

（五）故事法

教师可选取学生们熟悉或陌生的趣味故事，请学生们观看故事片段，在学生们看完后提出相关问题并引出课程主题。

（六）自我表露法

教师通过向学生真诚表露发生在自己身上的事情以及感受来导入课程主题。例如，一位教师问学生们：你们已经注意到老师今天的情绪不好，猜猜我的心情为什么不好？……有谁能帮助我吗？……今天我们的活动主题是"解心结"。你们有什么样的烦恼和困惑呢？

除此以外，还有引导回忆法（让学生回忆曾经有过的生活经历）、自我测试法（让学生进行与主题相关的简单趣味测试）、游戏活动法、悬念法、创设情境法等。

总之，在心理健康教育课导入阶段，教师应力求营造一种平等、轻松、和谐、愉悦、开放、欢快的课堂气氛，让学生从中感受到课程的特点和吸引力，带着期待和希望进入角色。"好的开始是成功的一半"，学生能够从一开始就对课程形成一种良好的印象和"乐之""好之"的态度，对学习过程及学习效果都有积极的影响。

二、开展活动的方法

中小学心理健康教育课包含许多游戏和活动，但游戏和活动都不是教学的真正目的，它们只是实现教学目标的手段。为了增强情绪、情感的影响力和感染力，让学生能在活动和游戏中获得体验与感受，教师可运用以下方法组织教学：

（一）引导法

在教学过程中，教师应善于引导学生进入角色和活动，积极参与讨论。教师要注意调整自己的身份（通常是扮演一个较为次要的角色）；要注意自己的站位或坐位（融入学生当中，面向全体学生，与他们"平起平坐"）；要注意自己的语言、语调，要有亲和力、亲切感，用商量、尊重、接纳的语言来引导学生。在学生思考问题前后，教师可以用诸如"你是说……""你觉得……""你相信……"等话语引导学生思考并充分表达自己的情感和想法，以促进团体的分享和沟通。

（二）明朗化法

教师除了反馈学生所说的话或表明的情感外，有时还需要进一步将学生想要说而没说清楚的情感和领悟明确化，也就是说，教师要把学生模糊隐含、未能明确表达的情感和想法充分地表达出来，以帮助学生了解自己，增进与同学之间的沟通和理解，促进师生之间的情感沟通。

（三）面质法

中小学生有时会回避自己的真实想法和情感，或逃避自我应负的责任，或为自己的不当行为寻找各种借口。在这种情况下，教师有必要面质学生，帮助学生觉察自己在感觉、态度、观念和行为上不一致或不协调的地方，促使其自我思考、分析、判断，勇敢面对现实。在面质时，教师可以用假设的态度、温和的语气来提问，并且要注意语言和语调，要理解、尊重和接纳学生，切忌以居高临下的姿态、自上而下的语气去指责或批评学生。

（四）连接法

连接法犹如以线穿珠，即在教学过程中，教师把零碎的资料、素材，通过连接、归纳、总结等方式，组成较为完整的资料，以帮助学生获得完整而系统的经验。另外，教师要注意活动或游戏之间的衔接和引导，以便于学生感悟。

（五）角色扮演法

角色扮演法是以行为模仿或者行为替代的方式对个体心理过程产生影响的活动。教师要结合训练内容，让学生在活动中扮演角色、现场表演并通过观察体验来分析探讨。在开展扮演活动时，教师可以让学生去演他们想到的、感受到的，或者是在某种情境下的做法，也可以让学生扮演反面角色，即要求学生去揣测和自己不同的观点，通过扮演正、反两种角色，加强学生对双方的理解。角色扮演法属于当众表演，需要有较强的参与意识，随和、外向、自信的学生容易做好，对羞怯、内向和防御心理较强的学生来说难度较大。安全的、接纳的、信任的气氛及教师的鼓励有助于学生的参与。

角色扮演的内容一般根据活动的目的、需要学生讨论和体验的情境来选择。教师需要思考如何运用角色扮演的技术和过程，使学生和扮演者获得最大的益处。在中小学心理健康教育课程中，常见的角色扮演有以下几种形式：

1. 哑剧表演

哑剧表演是一种非言语性表演。教师可根据活动内容让中小学生充分利用肢体动作、面部表情、眼神等，学会理解和运用非言语。哑剧可以由一人或多人表演，如表演"老友重逢""生气""幸福时刻""等待"等。哑剧表演主要适用于情感、情绪训练和交往指导，也可根据实际情况合理应用于其他训练场景。

2. 小品表演

小品表演是把幽默、讽刺或赞许的语言与滑稽的动作结合起来，展示生活、学习等场景中的事情，使学生明白其中的道理及处理问题的方式。小品表演大多由多个角色参与，表演内容接近生活，情境显得比较真实、富有感染力，如"同学病了""给爸爸过生日""同学来我家做客""考试成绩公布之后"等。此类表演存在一定难度，适用于自我意识、情感、个性和交往等训练主题。

3. 相声表演

相声表演可以是单口相声，也可以是两人的对口相声或多人的群口相声。表演者以通俗幽默的话语展示深刻的心理学道理。如，想让学生认识到"注意"这一心理状态在日常生活和学习中的作用，就可以让学生以"注意"的身份进行"注意"的自述。此类表演需要表演者具备较好的语言表达能力，可以通过和其他表演技巧、辅导内容相配合提高学生的认知水平。

4. 魔术商店

辅导教师扮演店主，在商店里贩卖各种商品，如理想、健康、幸福、财富、成功等。学生扮演买主，说出自己最想要的东西及购买原因。辅导教师询问学生愿意用什么来交换……这种方法有助于学生了解自己的需求和价值观，帮助学生树立正确的价值观和人生观。

5. 空椅子表演

空椅子表演只需一个人参加，适合在社交方面有困难的学生。例如，当学生诉说自己与别人的冲突时，教师让学生坐在一把椅子上，假设另外一把空椅子上坐着那位与他发生冲突的人，学生面对空椅子诉说冲突内容。然后，教师指示学生换位，坐到那把空椅子上，扮演与其发生冲突的人，并回答他提出的问题。教师在关键时刻让学生交换位置，引导学生与假想对象进行对话，可以使学生详尽地理解他人的想法与情感。

6. 角色互换

角色互换是让学生先后扮演不同的角色，感受并学会不同角色应有的社会言行。表演时可以是一人参与，也可以是多人互相配合，如"我来当老师""失败时的我""假如我是他"等。此类表演适用于自我意识训练、情绪情感训练、个性塑造和交往指导等方面。

每种角色扮演都有适用的情境与对象。例如，性格外向的学生可以采用角色互换、相声表演等形式，性格内向或不擅长社交的学生更适合空椅子表演。因此，在实际的中小学心理健康教育课程教学中，教师应当针对中小学生的特点、问题的种类，选择最为恰当的角色扮演形式。

（六）价值观辨析法

价值观辨析法是指教师组织学生运用理性思维与情绪体验，以探析、讨论的形式审视自身的行为模式，并把自己与他人的行为模式相对比，解决价值冲突，按照较符合社会要求的价值观支配自己的言行。价值观辨析法将课堂活动与"中小学生的需要"联系起来，使中小学生在生活中思考价值选择问题，在学校生活中和与身边人相处时保持一种积极向上的心态。这种活动的目标是帮助学生利用理性思维和情绪体验来检查自己的行为模式，辨析和形成自己的价值观；鼓励学生辨认自己的价值观并厘清这些价值观与其他价值观的关系，识别并解决自己的价值冲突，与别人交流自己的价值观，根据自己的价值观选择行为方式。

价值观辨析的具体应用方法有多种，一般根据中小学生身心发展的阶段、需要学生讨论的问题情境来选择。教师需要思考如何运用价值观辨析的方法，帮助学生形成正确的价值观念。在中小学心理健康教育课程中，常见的价值观辨析有以下几种方法：

1. 小组讨论法

小组讨论法是指教师针对某一开放性的问题情境，按照匹配法或随机法将学生分成若干小组，每位小组成员都要充分发表自己的看法，畅所欲言，最终形成小组意见，再在小组之间进行讨论，最后由教师做总结。在小组讨论过程中，教师的主要任务是保证讨论活动顺利进行、讨论内容不脱离主题，并鼓励学生多发表观点。此方法需要一定的认识基础，适用于学生自我评价、学习态度、个性、人际交往等方面的教育。

2. 两难问题法

两难问题法是指教师利用假定的、设计的或真实的两难问题，让学生进行判断，以激起学生内心的价值冲突，触动他们原有的心理认知结构，使他们产生不满足感，以改变原有认知结构，提高心理水平。教师应启发学生积极思考，主动交流和辩论，做出判断，寻找自己认为正确的答案。此方法适用于各年级学生的个性塑造和品德形成等方面的教育。

3. 脑力激荡法

脑力激荡法是指让学生自由地考虑解决某一问题可采用的方法。这种方法鼓励学生真诚地贡献意见，不管意见有无价值，特别鼓励有创意的学生。在讨论时，教师不做评价，只在最后进行总结。脑力激荡法可以帮助中小学生在兴奋、有趣、安全及接纳的氛围中构想出很多一般和非惯例的概念。该方法适用于各年级学生的智力训练。

除了以上方法外，还有排序与选择、敏感性训练与倾听技术、游戏以及个人日记等价值观辨析方法，可在实际训练中灵活使用。

（七）榜样引导法

榜样引导法是指教师利用中小学生爱模仿的特点，让他们观察并模仿榜样的行为，使自身得到强化，从而达到训练的目的。榜样可以是真实的，也可以是通过传播媒介来呈现的。因此，榜样引导的具体方法包括参观访问和媒体教学两种。

1. 参观访问

参观工厂、农村、公园、学校等，走访工人、农民和优秀学生等，听其言，观其行，激发学生向榜样学习的强烈愿望并指导他们从日常小事做起，加强自身修养，养成良好的行为习惯。榜样是鲜活而有生命力的，学生容易对其保持注意力，所以参观访问法适用于个性塑造、美感形成、良好行为习惯养成等。

2. 媒体教学

榜样引导中的媒体教学是指充分利用科技教学手段，通过传播媒介来呈现榜样，使学生观察榜样并进行模仿学习的活动。真实的榜样是不受严格限制且富于变化的，但媒体教学是教师能够事先进行安排的，媒体教学中的榜样比真实榜样更能突出模仿和学习的重点。媒体教学兼具艺术性，且形象、生动、有趣，颇受学生欢迎，适用于各个年级、多个方面的教学。

此外，教师在组织教学过程中，还要注意情境的构建、环境的布置、时间的把握、主题的渐进，要表达出对学生的欣赏，要做到善于观察、适当参与和表现幽默等。

三、课程结束的方法

中小学心理健康教育课的结束环节虽然不必像学科教学那样对课堂教学知识进行归纳与总结，但仍需对课堂进行收束。一般可采用以下方法：

（一）回顾与反省法

师生共同回顾在课堂上进行的讨论和活动，发现感触最深的，并提出自己的观点或建议等；也可检讨活动中有待改进的地方。这不但可以培养学生的责任感，而且可以加强学生对课堂的参与感，提高学习的积极性。

（二）计划与展望法

教师可引导学生在课后（或今后）对自己进行规划和展望，激发其改变和实践的积极性，促使学生发现学习对个人的意义；也可以让学生对以后的课程内容和形式提出期望和建议，在一定程度上参与选择学习活动内容，体现心理健康教育"以人为本"的基本指导思想。

（三）祝福与激励法

师生之间、同学之间，可以自制一些小卡片、小礼物互相赠送，也可以通过教师对学生、学生对学生讲一些祝福语等，互相祝福，以资鼓励。

以上三种方法既是为了巩固教学效果，留下美好的课堂回忆，又是为了启发思考，促进学生健康成长。在这一环节，教师还可以采用提问式、期盼式、阅读式（发放一些阅读资料给学生）、活动式、强化式、点题式、暗示式和归纳式等不同方式进行总结。

（作者：王海英）

第三节
小学心理健康教育课程案例

一、"悦纳自我"主题的课程案例

课程名称：悦纳自我

(一) 学情分析

正确认识自我、悦纳自我是心理健康的重要条件。进入小学高年级，许多学生因为不能正确地认识自我，或自我评价过高，或自我评价过低，使情绪和人际关系受到影响。他们一方面善于表现自己并渴求良好的人际关系，希望得到他人的认同；另一方面，家庭环境等因素使他们或者高傲、自以为是，或者自卑、闭锁，不能正确地认识自我、悦纳自我。此时，需要通过心理健康教育活动来帮助他们懂得如何正确地认识自己，勇敢地接受自己的不足，同时通过其他同学的评价，帮助其完善和增进自我认识、悦纳自我。

(二) 设计理念

自我认识包括对生理自我、心理自我、理性自我、社会自我几个部分的认识。其中，对生理自我的认识，主要指对自己的相貌、身体、服饰打扮等方面的认识；对心理自我的认识，主要指对自我的性格、兴趣、气质、意志、能力等方面优缺点的认识。

本课由"感受自我—肯定自我—正视自我—完善自我—悦纳自我"五个环

节的活动组成。

（三）教学对象

小学五年级学生

（四）教学目标

1. 知识与技能目标：了解认识自我的重要性，客观地认识自我。

2. 过程与方法目标：通过自我鼓励和他人评价相结合的方法认识自我。

3. 情感、态度和价值观目标：鼓足自我分析的勇气，认识并悦纳自我。

（五）教学重难点

教学重点：正确地认识自我、看待自己的长处和不足。

教学难点：学会运用有效的方法正确地认识自我，悦纳自我。

（六）教学方法

游戏导入、自主探索、同伴合作、小组讨论。

（七）教学准备

活动记录卡、背景音乐、多媒体教学课件。

（八）教学过程

1. 游戏热身：感受自我（5分钟）

师：同学们，上课之前，先让我们来玩一个"大风吹"的游戏，规则如下：

老师说："大风吹。"

同学问："吹到谁?"

老师说："吹长头发的孩子。"（诸如此类外貌或兴趣爱好等方面的特点）

吹到谁，谁就起来说一说自己与众不同的一个特点，用上句式："我是一个_____的人。"（教师带领学生玩游戏，引导学生感受自己的独特）

师：世界上找不到两片相同的叶子，正如刚才同学们介绍的一样，每个人都是独特的。今天，我们就一起来聊一聊独特的——"自我"（板书）。

2. 同伴合作：肯定自我（10分钟）

教师引导：同学们，这个"自我"就是我们自己。你们对自己有哪些了解呢？你认识的自己和大家认识的你，是一样的吗？下面请同学们以小组为单位，一起点亮自己独特的闪光卡。

小组合作，填写闪光卡：小组内每名学生有一张"_____的闪光卡"卡片。每名学生填完自己的名字后，将卡片交给下一名同学，下一名同学填写完主人的闪光点后再交给下一名同学，以此类推，直到卡片回到主人的手里为止。

自我剖析，分享闪光点：请几名学生与大家分享自己的卡片，教师和同学们一起为其鼓掌。

交流感悟，认识自我：学生交流卡片后，教师现场采访——你觉得同学眼中的你，和你自己心中的自己，是一样的吗？看到同学们为你写的闪光点卡片，你有什么样的感受？

教师总结：每个同学身上都有那么多优点，你们都有值得大家欣赏的一面，都是独一无二的，这就是独特的"自我"。

3. 小组讨论：正视自我（10分钟）

课件展示：邓亚萍的故事（可以根据地方特色与时代特征选择人物故事）

一个人的优点有助于成功，但是金无足赤，人无完人，很多成功人士也不是完美的。让我们一起走近世界乒乓球冠军邓亚萍，看看她是怎样走向成功的。

讨论交流：邓亚萍成功的秘诀是什么？你从她身上得到了哪些启示？

教师总结：虽然邓亚萍很矮，但她很坚强、自信。在这个世界上，每个人都有着不同的缺憾，我们要像邓亚萍那样正确地认识自己，既要看到自己的长处，欣赏自己，又要看到自己的短处，勇敢地接受自己的不足和缺点，甚至是缺陷，让自己的生命更精彩，这就是——认识自我，悦纳自我（补充板书）。

填写卡片：请同学们根据自己的特点，用"虽然我_____，但是我_____。"的句式来写一句话。老师分发卡片，让学生填写并交流。

教师总结：在这里，"虽然"是一种缺憾，"但是"却流露出同学们自信的芬芳。老师相信，只要能够正确地认识自我，悦纳自我，超越自我，每位同学都是独特的、与众不同的，都能克服自己的不足，走向成功。

4. 小组讨论：完善自我（10分钟）

教师引导：怎样才能悦纳自我呢？接下来，让我们一起观看表演——《小明和小米的烦恼》，然后一起为小明和小米支支高招儿吧！

观看表演：小明是班级体育委员和运动健将，性格活泼开朗，可是每次考试的成绩都不理想，小明为此特别烦恼。小米是一名品学兼优的学生，爱好广泛，乐于助人，可是身材又矮又胖，作为一个小女孩儿，她感觉特别自卑。

分组讨论：小明和小米身上都有不足或缺点。如果你是小明，你会怎么办？如果你是小米的朋友，你会怎样安慰小米呢？

集体交流：适时出示悦纳自我、完善自我的方法——发现优点，自我鼓励；面对不足，努力改善；不能改善，勇敢接受；相信自己，永不放弃。

教师总结：在我们的生活中，也许有很多的不如意和缺憾，我们可以试着以乐观的心态来看待自己、悦纳自己，发现优点，自我鼓励；面对不足，努力改善；不能改善，勇敢接受；相信自己，永不放弃。每天告诉自己——我真的很不错。我们的人生一定会绚丽多彩！

5. 自主探究：悦纳自我（5分钟）

教师引导：同学们一定也有类似小明和小米的烦忧。在今后的学习生活中，你打算怎么做呢？（教师引导学生畅谈收获和体会）

教师引导：希望通过今天的活动，同学们能客观地认识自己，自信地欣赏自己。每个"我"都很独特，每个"我"的生命都充满阳光。同学们，为做最好的自己，加油吧！在活动的最后，老师送给大家一首小诗——《做一个最好的你》，愿这首小诗能带给同学们更多的启示。（请学生齐读诗歌，结束本课）

做一个最好的你

也许你想成为太阳，可你却只是一颗星星；

也许你想成为大树，可你却只是一棵小草；

也许你想成为大河，可你却只是一泓山溪。

于是，你很自卑。

由于自卑，你总以为命运在捉弄自己。

其实，你不必这样：欣赏别人的时候，一切都好；

审视自己的时候，却总是很糟。

和别人一样，你也是一处风景，

也有阳光，也有空气，也有寒来暑往，

甚至有别人未曾见过的一棵小草，

甚至有别人未曾听过的一阵虫鸣。

做不了太阳，就做星星，在自己的星座发热发光；

做不了大树，就做小草，以自己的绿色装点大地；

做不了伟人，就做实在的自我，平凡并不可悲，关键是必须做最好的自己。

不必总是欣赏别人，也欣赏一下自己吧！

你会发现，你的天空一样高远，你的大地一样广阔，自己可以有不一样的活法。

（九）实施要点或注意事项

在组织本课活动时，可以根据地方特色和时代特征选择所需的人物传记故事，"感动中国"年度人物、共和国勋章获得者等都可以成为备选素材。课堂结束部分的诗歌可以根据课堂情况适当节选，不必全部读完。

（作者：赵岚）

二、"同伴交往与社会技能发展"主题的课程案例

课程名称：信任之旅

（一）学情分析

处于青春前期的小学高年级学生，开始变得敏感，每个学生都希望自己被班级团体接纳，有良好的人际关系，希望自己在班级团体中被信任，有值得信任的亲密伙伴，但大多数学生又不敢信任他人，甚至感觉年级越高，同学之间的关系越不好处。这使同学之间彼此戒备，很难相互信任，不利于良好同伴关系和友谊的形成。

（二）设计理念

林崇德认为：信任感是指个体对周围的人、事、物感到安全、可靠、值得信赖的情感体验，在个体感到某人、某事或某物具有一贯性、可预期性和可靠

性时产生。学生们在与班级同学共同成长的过程中加深信任度，有助于增强班级凝聚力，激发积极情绪。

本课通过"粘泡泡糖"这一热身活动活跃气氛，激发积极情绪。通过核心活动"信任之旅"感受同伴间相互信任带来的温暖和支持，了解同伴互信的要素，学会同伴互信的方法。通过"交流分享"总结提升本课主旨，强化学生彼此互信的意识。

（三）教学对象

小学五、六年级学生

（四）教学目标

1. 知识与技能目标：了解什么是信任，了解同伴互信的必要元素。

2. 过程与方法目标：学生通过活动体验信任他人和被人信任的温暖和支持，并学会同伴互信的方法。

3. 情感、态度和价值观目标：通过活动中、活动后的讨论强化学生彼此信任的意识，建立同伴互信的关系。

（五）教学重难点

教学重点：通过活动体验信任的重要性。
教学难点：探讨同伴互信的方法。

（六）教学方法

热身导入、团体活动、小组讨论。

（七）教学准备

眼罩，一些可以跨越或钻、爬、绕的体育器械（也可以用桌椅、水瓶替代），背景音乐，多媒体教学课件。

（八）教学过程

1. 热身活动：粘泡泡糖（5分钟）

老师说：粘泡泡糖。

学生问：粘几块？

老师说几块，学生们就几个人一组手拉手站在一起。游戏最后，学生们两两为一组。

2. 进阶活动：信任背靠背（5分钟）

活动要求：学生两人一组背靠背站立，一齐向下坐到地上，一齐站起来。坐下、站起时，二人背部相互支撑，双手不能撑地（可要求学生将双手交叉抱在胸前）。

学生按要求进行活动。

交流分享：

顺利完成活动时有什么感受？是什么因素在起作用？

做不到者有什么感受？原因是什么？

3. 核心活动：信任之旅（25分钟）

任务描述：每组两人，一个扮演盲人，一个扮演引路者，二人相互搀扶走过一段路。路上有一些障碍。

教师读引导语。

教师面对盲人：在一个电闪雷鸣、大雨瓢泼的夜晚，你想回家，却完全找不到回家的方向。此时此刻，你真的非常无助、迷茫、困惑……你四处摸着，渴望能够有一双手来搀扶你走过这一段泥泞的路程。

教师面对引路者：在这样一个大雨滂沱的晚上，你行走在雨中，忽然，你看到一个人跌倒在泥泞的地上。走上前去你才发现，她是一位盲人。此时此刻，看到她无助的样子，你内心的感受怎样？你打算怎么办？（采访几个人）

教师对双方：现在，请引路者拉起盲人的双手对盲人说："我来帮助你。我一定会保证你的安全，请你相信我。"盲人可以选择是否说："我相信你。"

①第一轮活动：学生开始信任之旅活动，引路者引领盲人穿越各种障碍。

小组内分角色交流并派代表发言：

盲人要分享的问题：在活动中有什么样的感受和想法？引路者的哪个举动让你印象深刻？你愿意信任什么样的人？（用简短的词语形容，并写在纸上）

引路者要分享的问题：在活动中有什么样的感受和想法？活动中的哪部分让你印象深刻？怎样做，盲人同伴才能更加信任你？（用简短的词语形容，并写在纸上）

倾听与圈画：在小组代表发言时，其他组如果觉得其所说的词语和本组词语相近，就把这个词语圈起来。注意听，类似的词语被提到几次就画几个圈。

每个小组自行检查被圈画较多的词语。

教师总结：同学们提到很多词语，这些都可以归纳为加深集体信任感的要素，有……（根据学生发言进行总结）在这次活动中，如果引路者对盲人有很深刻的同理心，能够很好地了解盲人面对的困难，理解盲人的心情，就能够更好地去指引盲人，提供的帮助会更加符合盲人的需求。这样一来，盲人就会加深对引路者的信任感。那么，引路者怎样才能对盲人产生深刻的同理心呢？

②第二轮活动：调整路线，互换角色。学生开始信任之旅活动，引路者引领盲人穿越各种障碍。

交流与回顾：现在，每个人都做了一次盲人和一次引路者。你有哪些深刻的体验？大家自愿举手来分享。

4. 迁移运用（5分钟）

教师总结：背靠背，靠的是一份信任。心里有那份信任，才能很好地相互支撑。同学们在学习、生活中会遇到像盲人一样眼前一片漆黑的时候，也就是遇到困难的时候。这时，学会信任别人、向别人寻求帮助是有智慧的生活方式。

教师引导：大家回想一下，过往的学习、生活中有哪件没能彼此互信的事情呢？如果再遇到这件事，具体说说你会怎么做来达成彼此互信。小组内轮流说一说。

5. 总结升华

教师总结：通过今天这节课，你有什么收获呢？做别人的引路者能体验被信任的快乐，这需要我们保持一颗诚恳的心，对别人的困难有一定的同理心，及时给予他人适当的帮助。当生活陷入迷茫的"盲人"之困时，大胆地信任伸过来的那双手吧，感受同伴互信的温暖。

（九）实施要点或注意事项

1. 在行走、钻洞、跨越障碍时注意安全。

2. 活动的重点在交流阶段。交流时，应关注每位学生的感受，应给予接纳、肯定、支持，适当地引导学生进行联系现实的深层思考。

三、"学习态度与学习能力"主题的课程案例

课程名称：听的学问大

（一）学情分析

小学生的无意注意占主导地位，集中注意时间较短，多是凭兴趣做事，许多时候很难认真地去思考问题，聆听他人的发言。科学研究证明，听是人们获取知识、与人交往的主要途径。课堂上的有效倾听可以帮助学生更好地吸纳信息，理解老师讲解的内容，感受同伴的想法，将课堂信息进行有效处理，形成清晰的思维，并转化为个体认知。

（二）设计理念

本课有两条线：一条是故事线，用熊出没的情境贯穿整堂课，通过一系列活动激发学生的兴趣，提高学生的注意力；另一条是训练线，主要训练学生良好的倾听习惯。

最后运用朗朗上口的童谣进行总结，帮助学生巩固所学知识与技能，进一步提高学生的倾听品质，形成良好的学习态度。

（三）教学对象

小学三年级学生

（四）教学目标

1. 知识与技能目标：知道专心倾听他人讲话是获得信息的关键，了解和运用认真听的方法有效提取重要信息，促进人际交往和学习。

2. 过程与方法目标：通过演一演、看一看、说一说、玩一玩等活动，训练学生在听的时候不打断对方、防止思绪偏离、把握故事情感、抓住重要信息、适时回应确认等良好倾听习惯。

3. 情感、态度和价值观目标：感受专心倾听他人讲话的重要性，在日常生活中养成认真倾听的好习惯。

（五）教学重难点

教学重点：认识倾听他人讲话的重要性，培养良好的倾听习惯。

教学难点：了解和运用认真听的方法。

（六）教学方法

情境表演、游戏辅导。

（七）教学准备

视频、背景音乐、情景剧头饰。

（八）教学过程

1. 暖身活动，调动课堂气氛（5 分钟）

教师导入：从前，有一片茂密的森林，我们先来听一听森林里都有什么声音，再来模仿小动物们的声音，做出它们的动作。

学生听后模仿。

教师板书：同学们听得真认真，模仿得真形象。我们熟悉的熊大、熊二也住在这里，这节课我们就和熊大、熊二，还有他们的好朋友一起学习《听的学问大》。（教师板书课题）

2. 主题活动，探索倾听方法（30 分钟）

师：今天轮到小猴毛毛和熊二负责巡视森林周边的安全情况，毛毛看见森林的另一边光头强正在抽烟，突然旁边燃起了火苗，赶紧去找熊二，仔细看熊二的表现，看他是怎么听毛毛报信的。

（1）情境 1：不打断对方（5 分钟）

毛毛：熊二，森林……

熊二：毛毛，过来一起吃蜂蜜呀，这个蜂蜜特别甜。

毛毛：森林的另一边……

熊二：森林的另一边有很多好玩的，我昨天和熊大去玩得很开心呢！一会儿我们去玩吧……

毛毛：你……哎呀，急死我了。

熊二：毛毛怎么走了呢？过来吃蜂蜜呀。

教师提问：同学们，毛毛报信时，熊二是怎么听的？（引导学生感受与认识到倾听他人说话时，不应打断他人，板书"不打断"）

（2）情境2：适时回应（5分钟）

教师引导：可惜熊二不懂这个道理，一直不听毛毛把话说完，总是打断它，可是事情十万火急，毛毛又急匆匆地跑去找熊大，仔细看熊大是怎么听毛毛报信的，注意看熊大的动作。

毛毛：熊大……熊大……

熊大：毛毛，怎么啦？你慢点说。

毛毛：我刚才在森林的另一边看见了火苗。

熊大：什么？着火啦！

毛毛：是真的，你先去救火（熊大点头，说："嗯，好的！"），我去通知其他小动物（熊大点头，说："好！"），人多力量大（熊大点头，说："对！"）！

熊大、毛毛快速离开。

教师提问：同学们，熊大在听毛毛报信的时候是怎么做的？（引导学生认识到听人说话时应看着对方，适时用点头的动作进行回应，板书"眼睛看、不打断"）

（3）情境3：用心记（10分钟）

教师引导：他们扑灭了大火，并报了警，请警察叔叔来抓烧坏森林的光头强，但是遗憾的是，狡猾的光头强，看见警车来了，转身就跑。在追光头强的途中，毛毛掉进了光头强设的陷阱里，受伤了。警察拨打了急救电话120，这时熊二说：大森林里救护车开不进来，还是先请啄木鸟医生来看看吧。他们又拨了啄木鸟医生的电话——192734，啄木鸟医生赶来，毛毛得救了。同学们，你们还记得啄木鸟医生的电话号码是什么吗？（引导学生总结出"用心记"，并板书）

教师引导：他们继续追赶光头强，光头强逃到了山洞里，锁上了大门，气喘吁吁地自言自语："哼，你们还想抓住我，367278，这个密码我设计了12天，终于派上了用场，这下我安全喽！"光头强说的密码被动物们听见并记了下来……这个密码是什么呢？你们是怎么记住的呢？

教师总结：对了，我们听的时候，用心记住了重要信息，帮助警察成功地打开大门。但是狡猾的光头强听见了开门的声音，从山洞另一端的缝隙里溜了出去，逃到了小河边，坐船逃跑了。（强化运用"用心记"）

（4）游戏：传递一句话密码（5分钟）

教师引导：机智的警察追到小河边，坐上了一条小船，只要大家能说出密码，小船就能开动了。

游戏规则：每一列为一组，老师将写有汉字的纸条发给每组的第一个同学，游戏开始时，该同学一字不差地记住并将纸条上的内容背诵给第二位同学，以此类推，比一比，哪组同学传得又准又快。

纸条1：熊大给熊二拿香蕉

纸条2：毛毛巡视森林安全

纸条3：周五去找熊二踢球

纸条4：涂涂你快来吃蜂蜜

纸条5：毛毛和吉吉是朋友

教师提问：当听同学传递给你密码时，你是怎么做才传对的？密码传错的同学，你们来说说，问题出在哪里？（引导学生总结出"及时追问""要确认"，并板书）

教师总结：大家帮助警察叔叔抓住了光头强，他再也不能祸害森林了。我们和动物们一起，学会在听人说话时不打断对方，要用眼睛看着对方，还要适当点点头，要用心记住密码等关键信息，传递密码等关键信息时要及时追问、及时确认。真是太棒了！

3. 运用方法，倾听训练（5分钟）

教师引导：动物们非常高兴，他们坐在草地上，分享着自己的开心故事，我们也两人为一组，分享分享自己的开心故事吧，听的时候要运用刚才学到的方法，然后复述出同伴的故事。（通过倾听与复述故事，训练学生认真倾听）

4. 回顾本课，感悟升华（5分钟）

教师引导：今天动物们的收获很大，大家都收获了什么？（引导学生回顾倾听的方法）

教师引导：熊大、熊二为了帮助我们更好地听，编了一首童谣送给我们，跟老师一起读一读：

听的学问大

听人说话不打断，点头回应眼睛看；

耳朵听时用心记，确认清楚是关键；

及时追问不怕慢，养成倾听好习惯。

教师总结：今天大家和动物们一起战胜了光头强，守护了森林。我们还学到了这么多倾听的方法，希望我们能养成认真倾听的好习惯，做一个善于倾听的人。

（作者：闫凤雪）

四、"健全人格培养"主题的课程案例

课程名称：积极品质在行动

（一）学情分析

积极品质是指具有可塑性的、能促进人们获得福祉与成就的一系列心理与行为特征。已有研究提示：积极品质能够促进学生获得良好的学业表现并获得幸福感。但是调查发现，一些三至六年级小学生积极品质的得分存在随着年级升高而降低的趋势。因此，有必要在小学高年级开设关于积极品质培养的心理健康教育课程，帮助学生认识到积极品质对其自身成长的重要意义，引导学生培养和运用自身的积极品质。

（二）设计理念

第一，通过请学生作答调查填空题"当_____时，我就会更幸福"的方式，让学生思考影响人们幸福的决定性因素是什么。在此基础上，引出积极品质这一主题，介绍积极品质的种类和内涵。

第二，同桌之间分享公众人物的积极品质故事，促使学生熟悉积极品质的内涵和表现。

第三，通过游戏化的方式让学生给班级里具备某项积极品质的同学贴上积极品质徽章，选出获得徽章种类最多的学生，让学生们分享体现其各项积极品质的故事，深刻理解积极品质可以发挥的积极作用。

第四，学生和教师一起通过脑力激荡法思考培养各项积极品质的方法，教师引导学生制定培养自身积极品质的计划。

（三）教学对象

小学六年级学生

（四）教学目标

1. 知识与技能目标：了解积极品质的种类和内涵。
2. 过程与方法目标：掌握培养积极品质的方法。
3. 情感、态度和价值观目标：形成主动培养和运用自身积极品质的意识。

（五）教学重难点

教学重点：正确认识幸福的来源，激发培养自身积极品质的兴趣。

教学难点：培养运用自身积极品质的意识。

（六）教学方法

小组讨论、游戏辅导。

（七）教学准备

活动需要的道具、多媒体教学课件。

（八）教学过程

1. 进行课堂小调查（3分钟）

提出问题并分享：先请学生们作答调查填空题"当_____时，我就会更幸福"。然后，请学生分享自己的答案。

总结并引出主题：积极品质有哪些种类。

教师总结：同学们提出的能够让自己更幸福的因素可以划分为两类：一类是外在因素，例如更富有、更有社会地位、更高、更瘦、更好看；另一类是内在因素，例如更勇敢、更乐观、更宽容、更自律等。（教师板书2列：外在因素、内在因素）那么，哪类因素对我们的幸福感影响更大呢？

学生：内在因素。

教师引导：心理学研究发现，积极品质能够促进人们获得幸福感，下面我们一起来学习积极品质有哪些种类。

2. 揭秘积极品质（6分钟）

教师给每个学生发一张清单（见图1-1）。左侧列出积极品质的名称，右侧列出积极品质的内涵，请学生们通过连线，为各项积极品质选择与之匹配的内涵。

积极品质连线

请通过连线，找到与左侧的各项积极品质相匹配的内涵。

自我调节　　　　　　　　　　和他人友好相处

领导能力　　　　　　　　　　诚实、有正义感

关爱友善　　　　　　　　　　能够号召、组织集体活动

热爱学习　　　　　　　有自己的目标，能积极主动地参与学习、活动

灵活创新　　　　　　　　　投入学习并能够体验到乐趣

积极乐观　　　　　　　　　点子多，遇事应变能力强

兴趣与好奇心　　　　　　　能乐观面对困难和挫折

诚实正直　　　　　　　　　　兴趣爱好广泛

图1-1　积极品质清单示意图

学生完成连线后，教师公布答案并解读每项积极品质的内涵。

3. 探讨公众人物的积极品质（10分钟）

教师引导：我们通过媒体、书籍等能够了解到很多公众人物。大家熟知的公众人物身上具备哪些积极品质呢？可以选择现实生活中的偶像，也可以选择影视作品中的人物，与同桌分享体现这些人物积极品质的故事。

活动规则：同桌两人互相分享，每人发言时间在2分钟之内。

讨论与分享：教师随机邀请3名学生分享"公众人物身上的积极品质给他们的生活或事业带来的影响"，并总结积极品质的作用。

4. 派送积极品质徽章（8分钟）

教师引导：同学们刚刚分享和分析了公众人物身上的积极品质。积极品质就在我们的身边，下面请同学们将老师发给大家的积极品质徽章（见图1-2）送给你认为最具备这项积极品质的同学。

图 1 - 2　积极品质徽章示意图

活动规则：积极品质徽章可以派送给任意一位你认为具备这项积极品质的同学。

分享与总结：统计出收到积极品质徽章种类最多的学生，请其他学生分享有关这名学生的积极品质故事，并谈一谈这些积极品质给他（她）带来了哪些积极影响。

教师根据学生的发言进行补充或扩展，并总结观察他人积极品质的意义。

5. 探讨培养积极品质的妙计（10分钟）

教师引导：通过前面的活动，我们已经感受到积极品质的重要作用。那么，我们如何培养各项积极品质呢？

学生发言：学生们举手发言，说出培养各项积极品质的方法。

教师总结：教师根据学生的发言，总结学生提出的方法并进行补充，请学生们在课后制定积极品质养成计划。

6. 结束语（3分钟）

教师总结：践行积极品质是我们享受幸福生活的密钥，希望同学们在遇到挑战、困难、挫折时，能积极调用自己的积极品质来帮助自己实现新的跨越，迈向更高的台阶。在不断运用积极品质的过程中，积极品质会越用越强，就像肌肉一样，在经过锻炼后会变得更加发达。希望同学们的积极品质能够不断增长，变得更强大，帮助我们成功应对人生不同阶段的各种挑战，收获幸福人生。

（九）实施要点或注意事项

教师要严格控制时间。

教师的指导语要清晰明确。

在每项活动的结尾，教师要对活动意义与启示进行总结。

（作者：吴晓靓）

五、"压力应对"主题的课程案例

课程名称：积极应对，与压力为友

（一）学情分析

小学生面对的挫折是多方面的，比如学习上的困难、同伴之间的交往问题、家庭成员间或亲子关系不融洽、个人兴趣爱好和自身愿望无法实现等，加之小学生年龄小，身心发展不均衡，生活经验不足，如果没有得到及时有效的帮助，他们常常会采取消极应对的方式来面对生活挫折。长此以往，会形成固化行为。当小学生再次遇到压力时，会自动化地采取消极应对方式，这对学生的身心发展造成的负面影响较大。

因此，需要通过心理健康知识科普，让小学生理解适度的压力对他们的成长不仅无害还有促进作用。本节课的目标是引导学生从多角度看待问题，发掘自身积极应对压力的经验，丰富应对当下和未来压力的方法策略。

（二）设计理念

1. 通过武术操（可替换为学生喜爱的其他律动操或舞蹈）调动身体，感受武术（其他律动操或舞蹈）与歌曲的力量，激发内在活力。

2. 通过身体雕塑产生具身感受，把内心感受用具体的动作状态表达出来，并感受参加本课活动前后的区别。

3. 通过观看心理两视图，体会不同角度看问题的不同感受。

4. 通过主题绘画活动描画压力源，表达和宣泄情绪，激发自信。

5. 跟随老师的指导语，通过积极想象，挖掘自身积极应对压力的宝贵经验。

（三）教学对象

小学六年级学生

（四）教学目标

1. 知识与技能目标：了解积极应对压力的方法有很多。
2. 过程与方法目标：学会运用积极应对压力的方法应对生活中的压力。
3. 情感、态度和价值观目标：体验积极应对压力的多种方法给内心带来的积极体验，增强应对压力的信心。

（五）教学重难点

教学重点：了解应对压力的方法策略，将学到的方法运用到学习与生活中。

教学难点：通过积极想象挖掘自身积极应对压力的宝贵经验，了解自己具备应对压力的能力。

（六）教学方法

运动热身导入、积极想象、小组讨论、心理绘画。

（七）教学准备

1. 武术操（律动操或舞蹈）音视频。
2. A4 白纸、扑克牌大小的硬卡纸、油画棒等绘画工具。
3. 多媒体教学课件。

（八）教学过程

1. 运动游戏导入：唱跳武术操《孤勇者》（3分钟）

唱跳武术操《孤勇者》：请学生跟随视频讲解进行运动。

教师提问：唱跳这个武术操后你有什么感受？

教师总结：这首歌让我们感受到演唱者在面临困境、面临压力的时候，依旧有勇气依靠自己的力量去应对。今天我们就来共同探讨如何积极应对压力，与压力为友。

2. 提问思考：压力像什么（5分钟）

提问思考：

你觉得什么事情会给你带来压力？你觉得压力像什么？

你觉得一个人在面对压力的时候是一种怎样的状态？请把你的身体想象成一座在压力下的雕塑，用身体语言表现出来。无法承受压力的时候，雕塑又是什么样子的？

3. 心理两视图：换个视角看压力（5分钟）

播放若干张两视图。引导学生感知对同一件事情的不同看法会引发不同的情绪感受和应对行为。

教师总结：通过刚才的观察和交流，我们认识到，对待同一件事，不同的人有不同的认知；同一件事，换个角度，积极认知这件事，会产生积极的情绪和行为。所以，压力来临时，不妨换个角度变压力为动力。

4. 心理绘画：压力应对智慧卡（15分钟）

我的压力来源：绘画压力来源，在小组内交流分享。

绘画要求：在A4白纸中央画一个封闭图形，在图形中画一个代表自己的符号或图案。在封闭图形之外画不同大小的圆，代表压力事件。圆的大小代表压力对自己的影响程度，不同色彩代表不同的心理感受，圆与封闭图形的远近代表压力事件距离现在的时间。用关键词标注压力事件。

绘制"智慧卡"：绘制"智慧卡"，在小组内交流分享。

绘画要求：拿出一张新的A4纸，选择并回想一个压力事件，一边回想一边在纸上画涂鸦线条。选择一种你认为能够代表智慧与力量的颜色，在白纸上继续画涂鸦线条，直到觉得可以停下为止。观察两种颜色的涂鸦线条间产生的图形或符号，找到最有连接感的，用笔描绘出来，画在扑克牌大小的卡纸上，这就是你的"智慧卡"。

在小组内用如下话语句式交流分享：我认真描绘了我的智慧卡，我看到智慧卡上的画了……我联想到……它给了我……的启示/提醒。

小组交流后，如果自己得到了同伴的启发，可以在智慧卡上继续描画。

5. 积极想象：挖掘宝贵经验（8分钟）

首先在教师引导下进行积极想象，然后小组分享、班级交流、教师小结。

教师读指导语：请同学们将后背靠在椅背上，挺直而不僵硬，双手自然放在腿上，慢慢闭上眼睛，用鼻子深深地吸气，再用嘴缓慢吐气，让自己放松下来……回想一下，你曾经遇到过一件怎样的事情，让你觉得倍感压力，这种压力让你感到不舒服，但是通过你的努力，你最终很好地应对了压力，并收获了成长。你想一想，当时你的内心深处有种什么样的力量支持了你，这种力量是什么感觉的？是温暖的？坚定的？还是其他的一种感觉？再想想，有哪些人为你提供了帮助，他们提供了怎样的帮助？你觉得自己具备怎样的品质，让你在这个过程中不仅应对了压力，还有所成长？好好想一想，这些宝贵的经验会在你的心中积累，成为你应对现在和未来压力的资源。调节呼吸，用鼻子深深地吸气，再用嘴缓慢吐气，感受自己充满了力量，充满了智慧。请你再做三次这样的呼吸。慢慢睁开眼睛，回到教室中来。

6. 小组活动：身体雕塑与祝福（4 分钟）

活动 1（身体塑造）：用身体动作表现积极应对压力的雕塑、即将无法承受压力的雕塑。

活动 2（祝福）：小组围成圆圈，每个人用一个动作或词语表达对自己和同伴的鼓励与祝福。

教师总结：生活是可以改变的，挫折是暂时的，我们每个人都是具有力量和智慧的。我们不仅可以从自身以往经验中挖掘积极应对压力的方法策略，还可以从同伴身上借鉴经验。因为年龄还小，有些困难我们暂时不能克服，但是伴随着成长，我们的能力会越来越强大，应对压力的方法也会变得更加丰富和有效。

（九）实施要点或注意事项

本课也可以拓展为两节课。授课教师可以增加介绍心理学家的一项实验：人在 0 压力状态下变得焦虑、抑郁甚至产生了幻觉，可见毫无压力的生活并不是一件好事。

还可以把压力比喻为非牛顿流体或沼泽，从网上搜集相关视频，向学生们展示，人在其中不停挣扎只会让自己深陷危险境地，温柔地对待它，保持沉着冷静的心态，扩大与沼泽的接触面，增加浮力，慢慢爬出来便可自救。

心理绘画活动是为了表达内心的情绪与感受，没有好坏之分，教师要引导学生尊重同伴的绘画与表达，不要对绘画技巧进行好坏评价。

（作者：赵岚）

六、"青春前期教育及异性交往"主题的课程案例

课程名称：把握分寸更和谐——青春前期教育及异性交往

（一）学情分析

小学六年级学生逐步意识到性别差异，他们中的大部分人在学习与生活中会有意识地疏远异性同学。有学者在问卷调查中发现：55.6%的学生不愿意和异性同学讨论学习问题或者一起参与活动；62.5%的学生关注过同学间的异性交往情况；41.7%的学生认为男女生交往不和谐。

随着青春前期的到来，六年级学生们一方面意识到自己长大了，不能像低年级时那样与异性同伴交往；另一方面又不清楚恰当的异性交往方式应该是什么样子的。

（二）设计理念

《中小学心理健康教育指导纲要（2012年修订）》中针对小学高年级学生的异性交往教育指出，"开展初步的青春期教育，引导学生进行恰当的异性交往，建立和维持良好的异性同伴关系"。本课通过游戏体验、情境设计、角色扮演等多种形式促进学生觉察与异性交往时内心的感受与困惑，并在活动中获得新的情绪体验，改变异性交往的消极认知，学会恰当的异性交往方式，从而发展健康良好的异性关系。

（三）教学对象

小学六年级学生

（四）教学目标

1. 知识与技能目标：对异性交往有正确认识。

2. 过程与方法目标：把握与异性交往的分寸，能与异性同学和谐交往。

3. 情感、态度和价值观目标：感受不恰当的异性交往带来的烦恼，建立和

谐健康的异性交往的态度观念。

（五）教学重难点

教学重点：在活动中感受不恰当异性交往带来的烦恼，觉察与异性交往的合适分寸。

教学难点：通过活动反思自己烦恼的来源，把握在不同场合与异性交往的距离。

（六）教学方法

活动导入、情境重现、角色扮演、小组讨论。

（七）教学准备

视频材料、心理情景剧、多媒体教学课件。

（八）教学过程

1. 热身活动，导入主题（5分钟）

教师引导：同学们好，欢迎来到心理课堂，我们先做一个热身活动——快乐按摩操。请大家按照男生6人一列，女生6人一列，男生列队与女生列队间隔排列为4列的顺序站好，与前面同学保持半臂间隔。大家跟随口令边说边为前面的同学做放松按摩（大屏幕展示按摩口令）。

摸摸你的头啊，学习要加油啊；

捏捏你的肩啊，早晨要锻炼啊；

拍拍你的背啊，晚上早点睡啊。

（所有人向后转，再来一轮）

摸摸你的头啊，今年你最牛啊；

捏捏你的肩啊，学习要领先啊；

拍拍你的背啊，快乐永相随啊。

（所有同学向左转，我们也为异性同学做个放松按摩）

摸摸你的头啊，学习要加油啊；

捏捏你的肩啊，早晨要锻炼啊；

拍拍你的背啊，晚上早点睡啊。

（所有人向后转，再来最后一轮）

摸摸你的头啊，感觉像地球啊；

捏捏你的肩啊，空气好新鲜啊；

拍拍你的背啊，上课不会累啊。

教师引导：刚刚我们为同性同学按摩了一次，也为异性同学按摩了一次，现在请你静静地觉察一下：这两次按摩时你有哪些不一样的感受？（2～3 人发言）

教师总结：我也观察到了，大家为异性同学按摩时远远没有为同性同学按摩时那么投入和放松，有的同学甚至是隔空为异性同学按摩的。我能理解大家的感受，与异性同学近距离的身体接触让大家感觉有些别扭。那么，在不同的场合与异性同学相处时，保持怎样的距离合适呢？今天我们心理课的主题就是"把握分寸更和谐"。

2. 视频材料，呈现问题（7 分钟）

大屏幕展示视频故事《阳阳的烦恼》，教师启发学生思考——如果你是阳阳，你会有哪些感受？请 3～4 名学生回答。

女孩阳阳今年六年级了，她性格外向，开朗活泼，有许多好朋友，其中有男生也有女生。男孩亮亮是阳阳的同班同学，和她住在一个小区，他们一起步行上学。在学校里，阳阳给亮亮解答学习难题，亮亮在阳阳值日的时候帮忙打水、拖地，妈妈给亮亮买的小零食、小玩具，他也私下偷偷地分享给阳阳。有时候亮亮惹阳阳不高兴了，阳阳会把他抓过来"收拾"一顿，惹得同学们哄堂大笑。最近不知从哪里流传出消息，说阳阳和亮亮关系不一般。最初阳阳没在意，还是像以前一样和亮亮一起打闹，一起玩耍。可是同学们的反应越来越大，一看到他们在一起，就开始起哄。阳阳困惑了，是不是自己哪里做错了？她开始渐渐疏远亮亮，不敢和他说话，连课间操跳集体舞时也不敢和他手拉手了。虽然阳阳还想像以前一样和亮亮做朋友，但她现在真的不知道该怎么办了，感觉很烦恼。

教师引导：你们在与异性同学交往的过程中，有过哪些类似的烦恼呢？

全班分享：请 3～4 人在班级分享类似的烦恼经历。

教师总结：正如同学们所说，很多人会有类似的感受。接下来的闯关游戏你又会有怎样的感受呢？

3. 小组游戏，探究问题（20 分钟）

（1）小组游戏：闯关大战（10 分钟）

游戏规则：选出三名男生和三名女生组成闯关组，其他同学组成守关组。闯关同学站在地面画好的圆圈内，守关同学男女生依次手拉手在圈外围成圆形关卡。游戏开始后，闯关同学要冲出关卡，守关同学则阻止他们冲出关卡。每当一名同学闯关成功，守关同学可以选择组成新的关卡再次开始游戏。活动中不能采取攻击性动作，守关同学不得踏入圆圈。以 3 分钟时间为限，闯关同学全部冲出关卡获胜，反之，守关组获胜。

①采访闯关组学生——在游戏中，你是从哪两个人中间闯关的？为什么会选择那里？闯关过程中你有哪些感受？（2 人回答）

②采访守关组学生——你和左右两侧的同学是怎样守关的？你的感受是什么？（4～5 人回答）

教师引导：在像这样的合作比赛、集体舞或者文艺表演等集体活动中，男生女生以怎样的距离相处比较合适？为什么？（小组讨论，3～4 人回答）

教师总结：在集体活动中，男女生之间的接触是不可避免的，是活动的正常需要。如果男女生之间忸忸怩怩、缩手缩脚、距离过远，会对集体成绩造成很大的影响。所以，我们要和异性同学保持正常的距离，在必要的情况下，男女生之间要大方、自然地拉手、击掌、搭肩，等等。（板书：正常／大方／自然）

（2）表演并讨论（10 分钟）

教师引导：在非集体活动中，我们以怎样的距离与异性同学相处是合适的呢？我们来看大家排练的情景剧。

情景剧展示。

旁白：午休时间到了，同学们在操场做游戏，轩轩和菲菲坐在操场边的大树下聊天。

轩轩：菲菲，我昨天看了一个笑话。

菲菲（兴奋地转向轩轩，抓住轩轩的手臂）：什么笑话？说来听听。

轩轩（故弄玄虚地）：有个醉汉一不小心从三楼摔了下来。

菲菲（惊讶地捂住嘴巴）：啊？然后呢？

轩轩（慢条斯理地）：然后啊，然后就引来了一大群人围观，警察也来了。

菲菲（着急地摇着轩轩的手臂）：接下来呢？

轩轩（一本正经地）：警察就关心地问醉汉：发生什么事了？

菲菲：醉汉怎么说？

轩轩（不急不忙地）：醉汉左右看看，一脸懵地说，我也不知道哇，我也刚来！

菲菲（笑得前仰后合，捶着轩轩的肩膀）：哈哈哈，太好笑了，轩轩你哪来那么多笑话啊，真是太有意思了。

（小江和昊昊路过）

小江：原来你俩在这里！

昊昊（指指点点）：大家都在操场上玩，你俩却躲在离我们这么远的地方，还这么亲密。说！（一脸坏笑）是不是有什么不可告人的秘密啊？

轩轩（连忙说）：我们没有！

小江：鬼才信呢！（说完，拉着昊昊离开）走！

轩轩和菲菲（看着他们的背影，着急地）：喂……

旁白：丁零零，上课铃声响起来了。同学们都快步走进教室，准备上美术课。

美术老师：同学们，这节课制作小手工，大家开始做吧。

强强（在书桌下翻来翻去，自言自语）：糟糕，胶棒忘带了！（连忙转向后座）你俩谁有胶棒，借我用一下！

昊昊：我没有。

壮壮：我的也没带。你同桌梅梅应该有吧。

强强（内心独白）：唉！我当然知道梅梅有，可是她是女生啊，向她借的话，同学们又要说三道四了。借（反复纠结状，左右看看）？算了！不借（最后下定决心）！

（梅梅专心地撕着卡纸，一不小心碰到了强强，他俩对视了一眼，一句话也没说，都尴尬地转过头）

昊昊（碰了碰壮壮，示意他看前座）：喂，你看他俩怎么回事啊？

壮壮（一脸不解）：是挺奇怪的，东西不借也就算了，连话也不敢说……（恍然大悟）我知道了！一定是强强喜欢梅梅了！

昊昊（点点头）：哦！

强强（听到他俩的对话，更加懊恼）：唉！真是弄不明白！我都这么小心了，怎么还是被误会了呢？

美术老师：这节课就到这里，下课！

（同学们陆续走出教室）

琳琳（看到大家离开，又看了看还在做手工的小江，慢吞吞地走向小江）：这个给你。（说完，把一张纸条放在小江的课桌上，走出教室）

小江（疑惑地拿出纸条打开，出声地读着）：

小江：

　　你学习成绩好，还愿意帮助别人。谢谢你利用午休时间帮我讲题。

琳琳

（小江开心地把纸条放进兜里）

（梅梅和菲菲走上台）

菲菲：跟你说个秘密，琳琳给小江写情书了。

梅梅（吃惊地）：不会吧？

菲菲：真的，我亲眼看见她把纸条递给小江，小江看完可高兴了。

琳琳：（从她们后面走上来，着急地）你别胡说，我那是写给小江的感谢信。

菲菲：（不解地）感谢小江？感谢小江你为什么不当面跟他说呢？

琳琳：（不知所措地）我不是怕你们看到我和他说话又说三道四嘛！

所有演员谢幕。（鼓掌）

演员分享：在排练、扮演角色的过程中，你们对男女生相处一定有一些感受和想法，谁愿意给大家说一说？（4～5 人分享）

小组讨论：情景剧为我们展示了树下聊天、不借胶棒、送纸条感谢（图片展示）这三种非集体活动中男女生交往的情境。请每组选择一种情境谈谈你们内心的感受与想法。同时讨论一下，在非集体活动中，男女生以怎样的距离相处比较合适？（每组 1 名代表汇报）

教师总结：在非集体活动中，我们与异性同学相处的距离要适度。尽量公开相处、在集体中相处，选择恰当的方式表达自己的想法。（板书：适度、公开、恰当）

4. 迁移运用，内化于心（5 分钟）

（1）情境讨论：小江的烦恼

放学时下起雨。小江走在回家的路上，看到走在前面的琳琳没有带伞，手里还拿着一些东西，便想上前为她遮雨，可忽然想起琳琳写给自己的纸条，他又犹豫了……如果你是小江，你会怎么做呢？（3～4人回答）教师追问：为什么选择帮助她？

教师总结：是的，当异性同学遇到困难需要帮助时，及时提供帮助就是最恰当的做法。

（2）小组交流：我的烦恼

教师引导：课前大家交流了自己与异性同学相处时的困惑与烦恼，通过本课的学习，你会怎样解决自己的烦恼呢？在小组内交流一下。（3～4人回答）

5. 课堂总结（3分钟）

我欣喜地看到大家能够很好地处理自己的烦恼。在集体活动中，我们大方、自然地与异性同学相处，非集体活动中我们公开、恰当地与异性同学交往。把握正常、适度的距离，就是把握好了男女生交往的"分寸"，把握好分寸，我们就能感受到男女生交往的快乐！

（九）实施要点或注意事项

异性交往主题课课堂设计应从改变学生认知入手解决问题。小学高年级学生异性交往既是重要议题，又是敏感话题，具有一定私密性。受主题限制，课堂中不便设计过多情境体验活动，所选活动应以促进学生认知改变为主，如角色扮演、小组讨论等。教师的引导语要直击主题，促进学生思考，如在导入主题时的"这两次按摩时你有哪些不一样的感受？"呈现问题中的"你们在与异性同学交往的过程中，有过哪些类似的烦恼呢？"探究问题中的"在像这样的合作比赛、集体舞或者文艺表演等集体活动中，男生女生以怎样的距离相处比较合适？为什么？"教师要善于运用简洁的引导语点明主题，引导学生自我觉察，促使学生改变认知。

（作者：张伟）

七、"小升初心理准备"主题的课程案例

课程名称：你准备好了吗

（一）学情分析

小升初的过渡对于学生来说是一件有挑战的事情。升入初中，学习与生活环境的变化使他们面临学校适应上新的困难。经过对已有研究和一线教师的经验进行总结后发现，影响初中生学校适应的因素主要表现在情绪调节能力、独立自主意识、同伴沟通技能、学业自我效能感、自主学习能力、学习坚持性等几个方面。本节课针对学生在这些方面的需要，设计了一系列活动，让学生能够充分体验和感受初中生活可能面临的种种挑战，并学习一些有效的方法来应对这些挑战。通过这些体验，启动他们的升学准备意识，引导他们在平时的生活和学习中自觉地采取有利于顺利完成过渡的行为和态度，为适应新的学校和学习生活做好准备。

（二）设计理念

小升初过渡期的心理准备包括六个方面：

1. 情绪调节能力

情绪调节是个体管理和改变自己或他人情绪的过程。个体通过运用一定的策略和机制，使自身情绪在生理活动、主观体验、表情行为等方面发生一定的变化。小升初的学生正处于青春期，情绪更加复杂，情感体验更深刻，同样一项刺激，在他们那里引起的反应强度会更大。

2. 独立自主意识

健康型个体化是指青少年在与父母保持亲密联结的同时获得独立自主的能力。不过于疏离或依赖父母。

3. 同伴沟通技能

在小升初过渡期建立新的同伴关系，要求学生具有良好的同伴沟通和交往技能。包括共情与关怀能力、交往中的主动性、社会问题解决技能、尊重别人的不同想法和行为习惯等。

4. 学业自我效能感

健康的学业自我效能感不是通过与同学比较自己的成绩和名次来确定自己的学习能力，而是通过掌控自己的行动和调整自己的策略来不断提升自己的学习能力。

5. 自主学习能力

自主学习又称自我调节学习，是学习者在一定程度上从元认知、动机和行为方面积极主动地调整自己学习活动的过程。学生的学习应由主要依赖教师的指导学习转向依靠自己主动学习。如果学生在小升初过渡前并没有这样的意识，没有自主学习的能力，很可能在升入初中后面临更大的困难。

6. 学习坚持性

学习坚持性是指学生遇到学习困难与障碍或外界无关刺激影响时坚持努力的程度。

（三）教学对象

小学六年级学生

（四）教学目标

1. 知识与技能目标：了解小升初过渡期六方面心理准备的含义。

2. 过程与方法目标：探索身边优秀同学和学长的特点，掌握促进六方面心理成长的方法策略。

3. 情感、态度和价值观目标：启动内心关于升学准备的意识，在平时的生活和学习中能自觉朝向有利于小升初过渡的行为模式和观念态度。

（五）教学重难点

教学重点：主动观察和探索身边优秀同学和学长的特征。
教学难点：理解六种过渡期心理准备的含义。

（六）教学方法

课前作业、小组讨论、案例分析。

（七）教学准备

1. 课前自行采访初中学长/学姐，了解初中学业生活与小学学业生活的区别。

2. 多媒体教学课件。

（八）教学过程

1. 课前作业的小组内汇报与总结（5分钟）

请每名学生在小组内发言，说说自己在课前采访中了解到的初中生活与小学生活有几点不同。组长整理和记录。

2. 组长汇报（5分钟）

请各组组长到讲台前汇报本组整理的小学、初中生活的不同点。

3. 教师总结（10分钟）

教师根据各组长的汇报，总结初中的学习与生活环境将有哪些新变化，会带来哪些新挑战，需要同学们做好哪些方面的心理准备。

4. 推选班级中的榜样（15分钟）

请学生们推选出本班在情绪调节能力、独立自主意识、同伴沟通技能、学业自我效能感、自主学习能力、学习坚持性六个方面表现最突出的榜样人物各1名。请榜样人物到讲台前发言，向同学们分享自己在相关方面的经验。

5. 结束语（5分钟）

教师通过总结，让学生们意识到新环境、新变化、新挑战、新成长，并且从现在开始，在平时的生活和学习中自觉地培养有利于小升初过渡的行为模式和观念态度。

（九）实施要点或注意事项

1. 逻辑思路要清晰

根据学生课前作业的汇报结果，教师要总结出初中的学习与生活环境将有哪些新变化，带来哪些新挑战，需要学生们做好哪些方面的心理准备。

2. 课前任务应落实

要求学生课前自行采访初中学长/学姐，了解初中学业生活与小学学业生活的区别。课前任务的有效完成，是顺利开展课堂讨论的前提条件。

3. 追问与互动要紧密结合主题

学生们推选出本班在情绪调节能力、独立自主意识、同伴沟通技能、学业自我效能感、自主学习能力、学习坚持性六个方面最突出的榜样人物后，6 名榜样人物介绍自己在相关方面的经验时，教师要注意追问和引导，避免学生偏离主题，深化核心特征和重点表现才能体现经验的学习价值。

（作者：盖笑松）

第四节
中学心理健康教育课程案例

一、"自信心理"主题的课程案例

课程名称：扬起自信的风帆

（一）学情分析

本节课面对的是初二学生，正值青春期的他们由于受到自身认知水平的限制，在自我认识上往往出现偏差，对自己评价或高或低，对别人的评价难以正确看待，以致容易形成自负或自卑心理障碍。自我认识上的偏差必然带来行动上的偏颇，使得他们在生活、学习中出现诸多问题，比如偏激、易怒、嫉妒、狂妄、虚荣、焦虑、害怕困难、自暴自弃等。从根本上解决这些问题的方法是帮助学生对自己的能力、价值有清醒而客观的认识，增强自信。自信有助于成功，而且是成功必不可少的因素之一，学生只有树立了自信心，才能以良好的心态接受自己，发展自己，使自己成为快乐的人。

（二）设计理念

本节课程采用故事导入的形式引出自信心这一主题，通过小泽征尔的故事，引导学生思考自信的含义以及自信心与成功之间的联系。在呈现故事的基础上，通过让学生分组对故事进行思考和讨论，帮助学生深刻理解自信心在生活中的重要作用，进而提出问题——如何建立自信心？第三部分仍然以案例分析的形式展开，通过对他人事件的分析，引导学生讨论总结提升自信心的方法。在"你的优点我知道"这一班级活动中，通过让学生互相评价优点，加深每位学生对自己的认识，增强自信心。

（三）教学对象

初中二年级学生

（四）教学目标

1. 知识与技能目标：了解自信的含义和作用，掌握培养自信的技巧。

2. 过程与方法目标：能够利用所学的培养自信的技巧有意识地培养自己的自信心，克服自卑，获得自信。

3. 情感、态度和价值观目标：产生积极、健康的情感体验，树立自信心。

（五）教学重难点

教学重点：在体验活动的基础上掌握培养自信心的技巧，并运用相关技巧有意识地提高自信心。

教学难点：调控气氛，有效引导，班级管理。

（六）教学方法

故事导入、案例分析、小组讨论。

（七）教学准备

PPT 课件、故事案例、教具、板书。

（八）教学过程

1. 故事导入（5分钟）

教师引导：同学们，请大家一起听一个小故事（提前找学生把故事录成了音频）。

小泽征尔的故事

小泽征尔是世界著名的交响乐指挥家。在一次世界优秀指挥家大赛的决赛中，他按照评委会给的乐谱指挥演奏，敏锐地发现了不和谐的声音。起初，他以为是乐队演奏出了错误，就停下来重新演奏，但还是不对。他觉得是乐谱有问题。这时，在场的作曲家和评委会的权威人士坚持说乐谱绝对没有问题，是他错了。面对一大批音乐大师和权威人士，他思考再三，最后斩钉截铁地大声说："不！一定是乐谱错了！"话音刚落，评委席上的评委们立即站起来，报以热烈的掌声，祝贺他在大赛中夺魁。原来，这是评委们精心设计的"圈套"，以此来检验指挥家在发现乐谱错误并遭到权威人士"否定"的情况下，能否坚持自己的正确主张。前两位参加决赛的指挥家虽然也发现了错误，但终因附和权威们的意见而被淘汰。小泽征尔却因充满自信而摘取了世界优秀指挥家大赛的桂冠。

教师引导：接下来请同学们思考这样一个问题，前两位进入决赛的选手也是十分优秀的指挥家，为什么只有小泽征尔赢得了比赛呢？

教师总结：前两位选手虽然也发现了乐谱上的问题，但是他们不相信自己的能力，认为是自己的失误，只有小泽征尔相信自己，坚决认为是乐谱的问题，所以他最后获得了冠军。今天我们这节课的主题就是：扬起自信的风帆。

2. **小组讨论：建立自信的重要性（5分钟）**

活动说明：让学生们进行思考并讨论自信在学习与生活中起着怎样的作用，可以通过分享自己的故事进行举例阐述，以实例说明自信在学习与生活中的作用。

学生讨论分享。

教师总结：通过同学们的分享可以看出，自信在我们的学习和生活中是不可或缺的一部分，并且具有非常重要的作用。既然如此，用怎样的方法能够帮助我们建立自信呢？在解答这个问题之前，我们先来看接下来这个案例。

3. **案例分析：建立自信的方法（5分钟）**

小王是班级的纪律委员，他学习认真，工作积极，富有爱心，与同学关系融洽，是老师的好帮手，同学的好朋友。班级大扫除时，他提水拖地，忙得不亦乐乎；运动会上，他顽强拼搏，为班级争得荣誉；爱心捐款时，他毫不吝啬地把自己的零用钱悉数捐出，平时却很少买零食吃。然而最近一段时间，小王总是垂头丧气，满面愁云，觉得自己事事不如别人。这不，他又拿着一张87分的数学试卷自言自语："小李考了100分，而我又考砸了，我已经很努力地去学了，为什么还是考不好呢？我是不是要比别人笨一些呢？"

教师引导：看来，小王同学对自己的学习很没有自信。接下来请同学们讨论一下，如何才能帮助小王同学提高自信心呢？

教师总结：我们可以将同学们所说的方法归为两类，一类是通过他人，比如朋友、家人、老师对自己的鼓励来提升自信，另一类是通过自己对自己的鼓励、激励来提升自信。接下来，老师想带同学们做两个活动，体会一下这两类方法。

4. 班级活动（25分钟）

（1）活动1：优点轰炸（10分钟）

活动规则：请学生们按照临近座位组成一个小组，依次以1名同学为对象，小组成员轮流实事求是、真诚地说出他的一个优点，尽量不重复。以此类推，小组每个人都要成为被夸优点的"对象"。

小组讨论并派代表分享：被夸"优点"的时候有哪些感受和想法？

教师总结：通过同学们的分享可以看出，身边的亲人、朋友给我们的鼓励对提升我们的自信心有着非常大的帮助。所以，当在学习或生活中遇到让我们不自信的事情时，当我们开始怀疑自己时，可以向身边的朋友、家人寻求帮助，让他们鼓励一下自己，帮助自己提高自信。我们已经知道了如何通过他人的帮助提高自信心，但是生活中，总会有些时刻是无法及时向他人寻求帮助的，这时我们该如何通过自我鼓励的方法提高自己的自信心呢？

（2）活动2：自我鼓励（15分钟）

活动规则：请每名学生准备好一张纸，在纸上写下自己的优点，各方面都可以，越多越好。并且在优点后面写上两句话：我真的、真的很不错！

小组内每个人轮流将自己写在纸上的内容念出来与组员分享。每名学生分享结束后，组员鼓掌鼓励。

小组讨论并派代表分享：念出自己所写的优点后，有哪些感受和想法？

教师总结：同学们说的都非常好。通过这样的方式，发现自己的优点，对自己进行鼓励，也可以达到提升自信心的效果。在生活中有不如意的事情发生时，我们就可以用自己的优点鼓励自己，将这种自信带到自己不擅长的领域，帮助自己提高自信心。但这需要我们在平时的生活中善于发现自己的优点。

5. 结束语（5分钟）

教师总结：通过这节课的学习，我们了解了提高自信心的两类方法。在以后的学习、生活中，我们总会遇到不擅长、不敢做、不如意的事情，这时我们很容易陷入不自信、怀疑自己的状态，希望这节课对同学们能够有所启发，帮助大家找到适合自己的提高自信心的方法，并能够运用这些方法，帮助自己提升自信，勇敢地面对生活中的一切困难，在生活中扬起自信的风帆！最后，让我们伴随音乐结束这堂课。（播放音乐：《我相信》）

（九）实施要点或注意事项

在课程进行期间，要注重调动学生的积极性和主动性，让他们勇于分享自己对课程中案例的看法以及自身在整个课程活动中的感受和体会，这是本次心理健康课程的要点。

（作者：马小越）

二、"互相尊重"主题的课程案例

课程名称：构建尊重的桥梁

（一）学情分析

马斯洛认为人的需要分为五个层次，从低到高依次为：生理需要、安全需要、归属和爱的需要、尊重和自尊的需要以及自我实现的需要。中学生正处在"心理断乳期"，这是一个幼稚与成熟、冲动与控制、独立性与依赖性相互冲突的时期。中学生对尊重和自尊的需要日益增长，在人际交往中他们渴望得到尊重，互相尊重能为他们的人际交往奠定基础，有利于发展健康、良好的人际关系，培养优秀品格，形成优秀品质。

（二）设计理念

由"思考并说出与尊重相关的成语"导入尊重这一主题。通过热身活动引起学生对尊重的思考，并在对成语进行分类时确定好在现实生活中会面临的尊重对象。通过情景剧表演引起学生的思考和共鸣，激发学生的学习兴趣。通过引导学生深入思考，让学生形成个人看法并积极表达，总结出解决问题的方法。通过讲述故事，教导学生尊重他人的经历、尊重他人的选择、尊重他人的劳动成果与付出。通过活动将尊重细化，使学生们明白，尊重体现在生活中，体现在和他人交流的方方面面。最后通过设置问题，启发学生重新思考尊重这一问题，了解尊重的重要性。

（三）教学对象

初中一年级学生

（四）教学目标

1. 知识与技能目标：了解什么是尊重以及尊重的行为表现。

2. 过程与方法目标：在实际生活中学会尊重别人。

3. 情感、态度和价值观目标：感受尊重在人际交往中的重要性，树立尊重他人的信念。

（五）教学重难点

教学重点：学会用恰当的行为表达出尊重。

教学难点：强化尊重他人的信念。

（六）教学方法

情景表演法、小组讨论法、讲授法。

（七）教学准备

活动需要的道具、案例、倒计时设备、多媒体教学课件。

（八）教学过程

1. **热身导入：初识尊重（5分钟）**

活动规则：以小组为单位，给大家1分钟时间想想关于尊重的成语，看看谁想到的最多。

成语分类：看看尊重最多表现在对谁的关系上。

2. **过渡阶段：当尊重消失时（5分钟）**

（1）情境表演：教师选3名学生扮演以下角色，教师负责旁白。

（小刚和小勇是一对好朋友，两个人自开学认识以来，就经常在一起玩儿。

有一天，两人来到学校附近的一家餐厅吃饭）

小刚：这家餐厅我之前吃过一次，还不错。

小勇：好的，我没来过，可以尝尝，那就这家吧。

（两人走进餐厅，落座）

小刚：（坐下，冲着服务员挥了挥手）服务员！你过来一下！

（小勇转过头看了小刚一眼，没说什么）

服务员：两位同学想吃点什么呀？

小刚：我要一份你们家的招牌套餐。

小勇：我也来一份招牌套餐吧，谢谢！

小刚：嘿！我点什么你就点什么呀，你算是我的跟屁虫了。

（小勇看了看小刚，想说什么却没说出口）

（等了一会儿，还没有上餐）

小刚：服务员，你们能不能快一点呀！

服务员：（拿来两份套餐）不好意思，久等啦！

小勇：（接过套餐）没关系，谢谢您呀！

（两人吃完饭走出餐厅）

小刚：小勇，下周末我们去另外一家吃吧。

小勇：不了，我下周末有事情就不去了。

（之后，小刚发现小勇越来越疏远自己了，可是小刚不明白这是为什么）

（2）小组讨论：问题聚焦（5分钟）

①个人观点，我来说

个体自愿分享：如果你是小勇，听到小刚对服务员的态度，听到小刚说你是他的跟屁虫，你有什么感受和想法？

②小组智慧，齐分享

小组内轮流说说并派代表分享：小刚不尊重他人的行为，会给自己带来哪些影响？

教师引导：小刚听到了今天课上大家刚刚分享的话，意识到自己的言行举止会冒犯他人，让人感觉不被尊重，更会破坏自己的人际关系。那么，尊重他人，有哪些要注意的呢？

3. 工作阶段：尊重养成计（10分钟）

（1）故事启发。教师：接下来，老师分享几个小故事，请同学们跟着老师一起思考。

①故事1：你们是一个4人的团体，平时你们4个人经常一起玩儿，很多事情都是大家一起完成。有一天，老师安排了一项任务，让大家3～4人组队完成。你觉得应该还是你们4人一组，但这个时候，团队中的小美说要去另外一组，因为她答应了那组的玲玲一起组队。

提问：如果你是其他的组员，你会怎么想？

后续：原来，有一次小美在回家的路上不小心摔倒，把衣服摔破了，是玲玲恰巧路过，替小美解了围，还把小美送回家。所以，小美想在这次任务中帮助玲玲。

引申：我们不知道别人经历了什么，所以不要轻易评价，要尊重别人的经历，也要尊重别人的选择。

②故事2：手工课上，老师给同学们留了一个作业，用纸板做一个板凳，看谁的板凳能承受的重量最大。第二天，大家都拿来了作品，因为材料有限，小红做出来的凳子相对较小，而且看起来有点松垮，引起了大家的围观。芳芳说："你这做的是什么呀，难看死了。"小豪说："你这个凳子可能一按就坏了吧？哈哈哈……"他们的话引起同学们大笑。这些对话和笑声让小红觉得十分难受，她趴在桌子上哭了起来。

提问：如果你是小红，你会是什么样的感受？如果你是其他同学，你会怎么想，怎么做？

引申：我们要懂得尊重别人的劳动成果，不要盲目从众地做出评价。

设计意图：通过两个故事的补充和延伸，让学生们对尊重形成全面认知。

③故事3：为没有在运动会上取得冠军的同学鼓掌。（备用）

引申：尊重别人的付出。

（2）知行训练（10分钟）

①活动1：尊重的桥

活动要求：教师让学生们拿出一张白纸，画一座桥，它代表着尊重，桥面可以根据每个学生能想到的表示尊重的行为数量划分出不同数量的格子，并用这些表示尊重的行为填满格子，比如尊重别人的爱好等（见图1-3）。

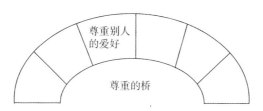

图 1-3　尊重的桥示意图

分享与鼓励：请学生们自愿分享这样画的原因。

②活动 2：我能做些什么

活动要求：请学生们以小组为单位轮流说说，怎样才能做到桥面上的某一方面。如，要做到尊重他人的爱好，首先要做到不恶意评价，或者以欣赏的角度去看待它。

4. 总结深化（5 分钟）

通过今天的课，有什么收获和成长？

5. 结束语（5 分钟）

教师总结：尊重是你递给对方的橄榄枝，也是你内在修养的表达。尊重是给别人以美好，也为自身积攒了力量。你传递给对方的尊重越多、越广泛，你们之间关系的桥梁就越坚固、越平稳。

（九）实施要点或注意事项

在活动导入时，要注意思考如何激发学生想成语的兴趣。在情景再现环节，应快速选好扮演人选，确保演绎效果和重点能被完美呈现，如果重点不突出，那么学生的注意力也会偏离课堂和主题。在整个课程中，应当明确尊重别人包括哪些行为和如何守好尊重的界限。

（作者：王晓钗）

三、"时间管理策略"主题的课程案例

课程名称：理好时间这本账

（一）学情分析

"等我有了时间，我就去好好学习弹钢琴""等我空闲下来，我要慢慢做我想做的事情""将来我一定要去某个地方好好地旅游"……每个人都希望自己手中有一根魔棒或者拥有超能力，可以把一天变为 48 小时，甚至更多，我们会认为如果那样，我们就可以有条不紊地处理事情了。

时间是宝贵的，有针对初中学生的调查显示，学生在时间分配与管理方面碰到了诸多问题，约有 69.8% 的初中学生认为"我能管理好学习的时间"。

（二）设计理念

用猜谜语的方式引入时间管理这一主题，通过"撕思"24 小时活动让学生了解自己利用时间的情况。在此基础上，用拍手 1 分钟活动让学生感受到，在有限的时间里如果很专注，不受外界干扰，做事效率就很高。最后，根据时间管理四象限法则指导学生填写"生活分类坐标"，学习管理时间的方法。

四象限法则是时间管理理论的一种重要方法，即有重点地把主要的精力和时间集中地放在处理那些重要且紧急的工作上。第一象限包含的是紧急而重要的事情，必须首先处理、优先解决。第二象限包含的事件是紧急但不重要的，具有很大的欺骗性，往往会占据人们很多宝贵的时间。第三象限包含的是些琐碎的杂事，没有时间的紧迫性和重要性，这种事件与时间的结合是在浪费时间。第四象限包含的事件不具有时间上的紧迫性，但是具有重大的影响和意义。

（三）教学对象

初中二年级学生

（四）教学目标

1. 知识与技能目标：了解并分析自己利用时间的情况，深入理解时间的价值，端正对时间的看法。

2. 过程与方法目标：学习管理时间的方法，习得珍惜时间的行为。

3. 情感、态度和价值观目标：体验时间的流逝性，感受时间的重要性，树立珍惜时间的观念。

（五）教学重难点

教学重点：体验时间的流逝性，了解基本的时间管理策略并运用到自己的生活和学习中。

教学难点：通过梳理和反思自己利用时间的情况，看清自己在时间管理上的误区和不足，学会合理管理自己的学习时间。

（六）教学方法

猜谜导入、游戏辅导、小组讨论、案例分析。

（七）教学准备

活动需要的道具、案例、倒计时设备、多媒体教学课件。

（八）教学过程

1. 暖身导入：猜谜（5分钟）

猜谜语：世界上有一家奇怪的银行：它给每个人都开了个账户，账户每天进账 86400，每晚 12 点账户清零。不准将余额记账，不准预支和超支。请问，这家银行给我们注入的是什么？（时间）

教师引导：每个人都有这样一家银行，它的名字是"时间"。时间银行是非常公平的，它每天都给每个人 24 小时。时间又是非常残酷的，因为无论你怎么哀求它，它都不会多给你一秒钟。那我们如何理好时间这本账，高效地利用有限的时间呢？我们在这节课上共同来探索。（板书"理好时间这本账"）

2. 过渡阶段："撕思"24 小时（15分钟）

教师引导：要想科学管理时间，首先要了解自己的时间使用情况。我们每个人每天都拥有 24 小时，老师很好奇，同学们的 24 小时是如何度过的呢？

活动规则：发给学生每人一条长 24 厘米、宽 1 厘米的纸条，每张纸条被均分成 24 格，代表一天中的 24 小时。虚格代表半小时。

教师引导：你们手里的纸条已经被分成 24 个小格，代表一天 24 小时（不包括周末休息时间），每个格子代表 1 小时。请想想：你们是如何度过一天的时间的？假如睡觉用了 8 小时，那就请把纸条撕去 8 格，如果吃饭用了 1 小时，请撕去 1 格，以此类推。看看最后还剩多少时间用来学习呢？

学生在教师的指令下开始撕纸，分别撕下吃饭的时间、刷牙的时间、洗澡的时间、乘车走路的时间、上厕所的时间、和朋友玩的时间、做琐事的时间等，最后剩下自主学习的时间。学生们相互比较一下纸条的长短，自主表达自己的想法。

老师引导：当你们将自己的纸条和别人的进行比较后，有什么感受？（发现纸条的长度不一样）长度不一样意味着什么？这样的发现带给你们怎样的思考？

3. 工作阶段：主题活动"拍手1分钟"（5分钟）

教师引导：既然我们每人每天拥有的时间都那么有限，在有限的时间里，我们怎样做才能将时间利用得最合理，使我们做事最高效呢？接下来我们来做一个拍手活动，看在1分钟计时内，大家能拍手多少次。

活动规则：教师先让学生预估自己1分钟内可以拍手多少次，学生在计时1分钟的时间内尽可能地拍手并数清楚拍手次数，把实际拍手次数和预估拍手次数进行对比。（实际教师只计时30秒）

教师引导：告诉学生只计时30秒的秘密。学生们会发现自己实际拍手次数比预估的拍手次数多很多次。

（1）引导学生们思考原因

学生低估自己的潜力，应相信自己。

在计时时间内，大家都很专注，没有受到外界干扰，因此成绩突出。

因为大家在有限的时间内有了一个坚定的目标，因此能高效完成。

（2）引导学生分享自己在生活和学习中合理利用时间的小窍门

4. 工作阶段：对事情进行四象限归类（15分钟）

教师引导：同学们刚刚回答得很好。通过刚刚的拍手游戏，我们能感受到对于时间的管理和高效的利用是有一定方法的，我们也要养成良好的习惯，例如专注做事，不受外界干扰，对自己有信心，做事情有目标，等等。

但是，我们生活中要处理太多事情了，因此需要学会将这些大大小小的事情进行分类。按照重要性与紧急性这两个维度可以把事情分成4类：重要紧急的事、重要不紧急的事、不重要紧急的事、不重要不紧急的事（见图1-4）。

（1）分类标准

师：如何评估一件事情的重要程度以及紧急程度呢？重要程度是按照职业价值观来判断的，做什么事情对于一个学生健康成长有长远好处，那这件事就是"重要事情"；紧急程度是按照时间底线来确定的。

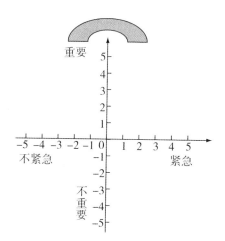

图 1 - 4　生活中的事情分类坐标示意图

（2）学生进行纸笔活动，进行四象限归类：

①把一天的事情都列出来，并在所有事情后面增加三列，分别是"重要程度"和"紧急程度"，以及"象限"；

②先对事项进行"轻重"区分，以学生身份为标准区分是重要还是不重要；

③再对事项进行"缓急"区分，把所有事情以时间截止期限为标准区分是紧急还是不紧急。

④最后，把事情归集到对应象限中。

5. 反思与讨论：处理四象限事情的法则

师："四象限法时间管理"的目标不是鼓励我们将日程安排得满满的，每天完成 N 多事情才觉得有成就感，而是要让我们学会将时间、精力更多地分配到那些对于达成人生目标有重要价值的事情上。

①以小组为单位讨论并派代表分享："处理四个象限中事情的法则"。

②教师跟随学生的分享，板书：

第一象限：立即去做。

第二象限：有计划去做。

第三象限：别让他人的事成为自己的负担。

第四象限：尽量不去做。

6. 总结深化（5分钟）

教师总结：同学们，通过今天的课，你有什么收获？英国教育学家赫胥黎曾经说过："时间最不偏私，给任何人都是 24 小时；时间也最偏私，给任何人都不是 24 小时。"同学们，愿我们每天的收获大于 24 小时，利用时间管理四象限法管理好时间，让我们在有限的时间内做出更多有意义的事情，我们不能延长生命的长度那就拓宽生命的宽度。

（九）实施要点或注意事项

本节课的重点是"撕思"24 小时和填写生活坐标两项活动。前一项活动的目标是让学生感受和体验时间的流逝性，了解自己利用时间的情况，教师要给学生一步步做示范，注意把握好节奏；后一项活动是利用时间四象限法则让学生学习时间管理的方法，提供给学生的事件一定是他们日常学习生活中经常遇到的，这样学生才能根据事件的紧急性和重要性将其填入不同的象限。

（作者：陆涵）

四、"青春期性别角色认知"主题的课程案例

课程名称：我们不一样

（一）学情分析

心理学家埃里克森认为，人的发展要历经八个阶段，每个阶段都有相应的核心任务，当任务得到恰当的解决时，就会获得较为完整的同一性。初一学生的一般年龄是 12～13 岁，基本已经进入青春期，处于人生发展的第五阶段，他们需要面对的是自我同一性和角色混乱的冲突，其中性别认同是他们需要处理的重要议题。进入青春期后，学生们无论在身体上还是心理上都发生了巨大的变化，这时候，他们的性意识开始萌动，逐渐意识到男女有别。由于受部分媒体的不当引导和家庭教养方式不合理等因素的影响，有些学生对自己的性别角色认识和定位比较模糊，甚至不接纳、不认同自己的性别角色。本次教学活动的主要目的是帮助学生更好地认识男女生的差别，接纳差异，欣赏并认同自己的性别角色，同时懂得与异性同学相互学习，取长补短，顺利度过角色混乱

危机。

（二）设计理念

本节课程中，教师通过播放《我们不一样》这首歌导入青春期性别角色差异这一主题。教师通过提问男女生差异，引导学生发现自身的性别特点和优势，欣赏和认同自己的性别角色，同时能看到和欣赏异性同学的性别优势。在第三部分，通过撕掉标签这一活动，引导学生客观地看待、接纳男女生的差异，并尽量避免"性别刻板印象"限制自己的多元化发展。

（三）教学对象

初中一年级学生

（四）教学目标

1. 知识与技能目标：正确认识男女生之间的差异。

2. 过程与方法目标：学会客观看待性别差异，接纳和尊重差异，尽量避免"性别刻板印象"的影响。

3. 情感、态度和价值观目标：看到自身的性别优势，认同自己的性别角色，懂得尊重和欣赏异性同学，发挥各自的优势，取长补短。

（五）教学重难点

教学重点：正确看待男女之别，接纳差异。

教学难点：欣赏自身的性别优势，认同自己的性别角色，尊重和欣赏异性同学。

（六）教学方法

活动导入、小组讨论。

（七）教学准备

多媒体课件、彩纸、便利贴。

（八）教学过程

1. 活动导入（5分钟）

教师：在课程开始之前，老师给大家播放一首歌曲。（播放歌曲《我们不一样》）

教师：有同学听过这首歌吗？

学生：《我们不一样》。

教师：是的，这首歌叫作《我们不一样》。今天我们要讲的主题也是"我们不一样"，当然，这里的"我们"是指我们男生和女生。

2. 小组讨论：我们不一样（20分钟）

教师引导：我们经常说"男女有别"。那么，男生和女生有什么不一样呢？同学们，请你们谈谈自己的理解和看法。

观点畅谈：教师请学生们围绕男女生有什么不一样畅谈自己的看法，对学生的回答进行总结和归纳。

生理差异　　生理性别

性格特征

兴趣爱好　　社会性别

思维方式

分享讨论：教师提问男生和女生各有什么优势，请学生们进行小组讨论，并将优势写在便利贴上，在讨论结束后贴在黑板上。

教师引导：我们看到了男女生的区别所在。古人云："男人如土，女人如水。"那么，是土好还是水好呢？换句话来问，是男生好还是女生好呢？

（学生们有的回答男生好，有的回答女生好，有的回答都好）

教师引导：看来，同学们对这个问题有不一样的答案。请进行小组讨论，将男女生的特点和优势写在便利贴上，每张便利贴写一条，写完后贴在黑板上对应的区域。

优势较量：教师邀请身高体形相近的男女生各一名进行现场比试，分别完成掰手腕和折星星比赛，对学生写的男生体力大和女生细心的优势进行检验。

教师总结：男生力气大、勇敢、坚强、抽象思维强、独立、果断、责任感强、有恒心、有毅力……女生细心、耐心、温柔、善良、观察力强、具体形象思维能力强、善于记忆、体贴……男生女生各有优势，不分上下。我们不一样，但是我们都很好。

3. 课堂活动：撕掉标签（15分钟）

教师引导：同学们，男女生都有各自的特点和优势，但这些特点是固定的吗？同学们对于这些特点的分类有什么疑问吗？

活动规则：请学生们对黑板上男女生的特点和优势分类发表看法，并说明原因。

学生：并不是所有的男生都具备这些特点，也并不是所有的女生都有那样的特征。

教师引导：很好。所以男生和女生的差别并不是绝对的，比如有些男生也比较细心温柔，有些女生也比较粗犷奔放。但是社会上有很多人对男女差别有这样那样的看法，同学们，你们认同吗？现在老师在黑板上加一个共同区，请同学们把男女生共同拥有的一些优点放在这个区域，并说明放置的理由。

……

教师总结：男生女生不一样，是相对不一样，并非绝对不同！我们要学会接纳差异，不要过于受社会刻板印象的影响，允许自己多元化发展。

小组讨论：在日常生活中，你是否会遇到一些男孩子气的女生或者一些文静温柔的男生？你对此怎么看？

4. 结束语（5分钟）

教师总结：同学们，通过这节课，我们认识到了男女生之间的差异。我们不一样！不同性别的个体有差别，我们要学会接纳差异。但是，我们都很好！我们要欣赏自身的性别优势，认同自己的性别角色。而且我们能更好！相互欣赏，相互学习，取长补短，共同进步，我们将会变得更加优秀。

（九）实施要点或注意事项

本节心理活动课充分考虑了学生的身心特点和现阶段的心理需求。教学设计条理清晰，环环相扣，引导学生正确认识和接纳男女差异，欣赏自身的性别优势，认同自身的性别角色，同时学会欣赏异性同学，相互学习，取长补短，让自己变得更加优秀。当然，本节课也存在一些需要注意的地方，两个主题活动都需要老师有较好的现场反应能力，面对同学的答语，老师需要幽默智慧地进行引导。

（作者：徐志超）

五、"青春期恋爱"主题的课程案例

课程名称：花开应有时

（一）学情分析

高一年级的学生还处于青春期，由于受内在生理的成熟、从众心理和社会媒体报道等因素的影响，他们有可能会努力制造机会与自己喜欢的异性接触。但是，他们的心理还未成熟，并不能够理解什么是真正的爱情，因此会面临青春期恋爱的种种烦恼。

《中小学心理健康教育指导纲要（2012 年修订）》中明确指出，要引导高中生"正确对待和异性同伴的交往，知道友谊和爱情的界限"。在日常的工作中，很多一线教师也时常会接待被青春期爱情困扰的高中生。引导高中生正确处理恋爱问题，正确树立爱情观，是所有心理健康教育教师必须面对的课题。

（二）设计理念

高一年级的学生已经具备了比较好的认知能力，假如单单讲知识，成效不好，学生也不愿意接受，所以要通过活动体验的方式来加强他们的内心体验。本设计由男女生共同参与的热身活动引出课堂主题，使学生们快速进入课堂状态，通过渲染氛围，营造轻松信任的环境，便于学生在课堂上表露自我。用花的开放历程来贯穿整堂课，以花映射人，让学生自主探索对待爱情的态度，面对爱情的选择（爱情的困惑），以及如何提升自己，以面对未来更好的爱情（爱情的成长）。用心理学中的"爱情三角理论"进一步验证：当前的爱情缺少承诺，不足以长久，盲目的追求既伤害他人又伤害自己。最后，以给未来的 ta 写一封信的形式结束课程，巩固课堂内容。

（三）教学对象

高中一年级学生

（四）教学目标

1. 知识与技能目标：了解爱情的含义，深入了解爱情在生命历程中的位置，正确看待爱情。

2. 过程与方法目标：学会做出有关爱情的选择，解答有关爱情的困惑。

3. 情感、态度和价值观目标：体验爱情的美好、感受爱情的意义、树立正确的爱情价值观念。

（五）教学重难点

教学重点：学会权衡恋爱与学习的关系，做出正确的选择。

教学难点：改变自我认识，树立正确的爱情价值观。

（六）教学方法

游戏辅导、小组讨论、案例分析。

（七）教学准备

多媒体课件、"鲜花的生命线"图片、我的"花朵"卡片、"爱的困惑"调查问卷、"爱的困惑"卡片、便利贴、草稿纸、红笔、蓝笔。

（八）教学过程

1. 活动引入：马莲花开（5分钟）

活动规则：以8人为一小组，将桌椅摆放整齐，在前方留出空地，以便学生在空地自由走动，老师也可以参与其中。

学生在空地上自由走动时候，教师和大家一起边走边念"马莲花，马莲花，风吹雨打都不怕，请问要开几朵花?"教师说："5朵。"大家就以最快的速度任意5人簇拥成一组，每个小组内尽量既有男生又有女生（本节课以花映射爱情主题，所以以"马莲花开"活动引入，要求男生女生都要参与进来），不满足条件的小组出局，剩下的人继续（活动大概持续3分钟）。活动结束后邀请学生分享活动感受。

教师总结：刚刚看到大家都非常踊跃地参与到活动中来，通过大家的共同努力，我们男生女生一起组成了独特的、有活力的马莲花花束。谈到活动的感受，有同学说感觉轻松愉快，也有同学说感觉男生女生在一起有些拘谨。提到花，大家都想到了什么？没错，就是爱情！在我们这个花一般的年纪，同学们有这样的体会很正常，就像《少年维特之烦恼》这本书中所说，"哪个少女不怀春，哪个男子不钟情"。因为爱情产生一些烦恼和困惑再正常不过了，今天老师就和花儿一般的你们一起走进花的世界，一起探索花季爱情中的美好与困惑，今天课程的题目叫作《花开应有时》。

2. 课堂活动：花的开放历程（15分钟）

（1）活动1：鲜花的生命线

教师引导：什么是花开应有时呢？如果把我们比作花朵，成长历程就如花一般，每个阶段都有不同的任务。每朵花的生命都是从种子开始的，先天条件会决定这朵花无法改变的属性，比如颜色、形状。慢慢地，花儿受到外界的滋养，逐渐成长为花苗，花苗开始经历风雨，成长为含苞待放的花苞。在这个过程中，这朵花要积攒很多养分，要守护自己，也要为将来的盛开做好准备工作。终于有一天，它经过努力盛开了，然后又开始逐渐凋零，最后成为繁衍下一代的种子，完成了它的生命历程（该部分可以做 PPT，用动画配合音乐展示）。

教师引导：现阶段的我们处在花儿生长的哪个阶段呢？请大家拿出课前准备好的贴有大家大头贴照片的"花朵"，以及发给每个小组的鲜花生命线，把自己的"花朵"摆在你认为你所处的阶段（见图 1-5、图 1-6）。

图 1-5　鲜花的生命线

图 1 - 6　我的"花朵"

教师引导：老师看到很多同学把自己的"花朵"摆在了花苞到花朵开放的这个阶段。大家觉得在这一时期你们正在经历什么事情呢？有的同学说在经历友谊，在努力学习，有同学说在经历父母的严格管教，有没有同学很期待爱情到来呀？你们经历过爱情吗？经历过爱情的同学请对我眨眨眼，看过身边同学经历爱情的可以给我一个微笑（目的：活跃气氛）。老师看到每个人都有一定的反应，说明我们即便没经历过爱情，也看到过别人的爱情。如果是你在面对爱情，你向往的心目中的爱人是什么样子的呢？

活动规则：在"花朵"的背面写出自己期待的未来爱人的样子，选择几个小组分享，并将上面的内容分成两类。（在板书内呈现）

教师总结：从大家分享的内容来看，每个人都有对美好爱情的憧憬。大家对未来爱人的期待不仅在外貌、物质方面，还追求精神上的成熟。这些期待，有些是与生俱来的特质，有些需要后天养成。

（2）活动 2：体验与分享

教师引导：了解了自己所处的阶段和对未来爱人的期待以后，我们应该将爱情摆在什么位置更合适呢？这个问题暂时不需要同学们回答，我们先来进行一项体验活动。

活动规则：给每名同学分发一张草稿纸，小组内同学互相监督，在草稿纸上演算出以 100－7 开头的数学算式，例如，100－7＝93，93－7＝86，86－7＝79……以此类推。同时，教师播放一段小故事，当故事中出现"小白羊"三个字时，请大家跺脚以示回应。

背景故事：迷雾森林的深处住着一只小白羊。前几天，小白羊去集市买菜的时候，看到了一只意气风发的小狐狸，在那之后，小白羊总是忍不住想起它。于是小白羊回家问妈妈："妈妈，为什么我看到有的动物，心就会跳得很快啊。就像……嗯……"小白羊低头思索，"就像我每天下午在草地里疯狂打滚以后的样子。"妈妈笑眯眯地说："那你是不是喜欢上人家了啊？"小白羊又问："妈妈，喜欢是什么啊？"妈妈想了想："喜欢就是，你看到它的时候，比你拥有一大片鲜嫩的青草还要开心。"小白羊似懂非懂地点点头，又仔细想了想，自己那天虽然心跳得很快，但和一大片鲜嫩的青草相比，还是一大片鲜嫩的青草比较好一些。

巧合的是，后来小白羊和小狐狸成了朋友。小白羊渐渐发现，小狐狸身上吸引人的地方还有很多，比如它会教小白羊采摘新鲜的水果，会教给小白羊以前不知道的知识。小白羊的心跳越来越快了，于是回家又问妈妈："妈妈，我感觉最近心跳又变快啦！快得好像我从我们家跳到月球，再跳回来那样。这是喜欢吗？"妈妈切着手里的菜问小白羊："那现在一大片鲜嫩的青草和它，你选谁啊？"小白羊看着锅里烧着的青草汤，思考了一下："还是喜欢一大片鲜嫩的青草。但如果只能见到一百根青草的话，我好像更想见到它。"小狐狸和小白羊的关系越来越好。小狐狸带着小白羊看了山上的花，拉着它去拜访了自己的松鼠朋友，还和它一起分享了自己偷偷藏起来的小柿子。小白羊发现，自己和小狐狸在一起，好像心跳越来越快了。"妈妈，我现在见到它时心跳越来越快啦！一大片鲜嫩的青草和它，我选它！"妈妈红红的眼睛弯成两道小桥，说："那你就去和它说吧。"小白羊鼓起勇气敲响了小狐狸的家门。"谁啊？"小狐狸探着脑袋打开门，发现是小白羊。小白羊憋红了脸，说："我……我……我觉得你比全世界的青草加在一起还要好！"说完，小白羊害羞得想走，结果被小狐狸喊住。"哎！"小白羊转身，看到小狐狸的全身都变得和它的尾巴一样红："我……我也喜欢你！"

小组分享：邀请学生分享自己在同时完成两项任务时的感受，进而引出一心不可二用的道理，明白爱情并不是当务之急，当前的重心是学习，把更多的精力放在学习上才能为将来的相遇做好铺垫。

教师总结：看到好多同学在活动中手忙脚乱，想必现在大家一定对一心不可二用有了更深刻的体会。其实，青春期拥有爱情的情愫、有追求、有向往是很正常的，我们需要明白爱情这朵花不适合在现阶段盛开，现在的我们应该努力拼搏，实现学业理想，以便为未来的爱情做准备。

3. 课堂活动：爱的困惑（10 分钟）

教师引导：处在当下成长阶段，每个人对爱情的理解不同，对爱情的向往和追求也各不相同。有的同学可能尝试着去感受过爱情，但是受到青春期的影响，会遇到各种各样的烦恼和困惑。比如面对他人的表白要怎么做呢？如果已经确认了恋爱关系，如何处理学习与恋爱的关系呢？等等。在课前，老师进行了匿名的问卷调查，了解了同学们关于爱的困惑和烦恼。在今天的课堂上，大家可以相互信任，毫无保留地针对这些问题进行讨论。

活动规则：将提前统计好的写有"爱的困惑"的卡片分给不同的小组进行讨论，找出解决这些爱情困惑的办法，进行小组分享。

教师总结：就像大家在前面总结的一样，当下我们的重心并不是爱情，这个时候的我们涉猎爱情会产生诸多困惑，而在未来我们成熟以后，它们就不再是烦恼了。这个道理我们可以用"爱情三角形"的理论进行解释：爱情由三个基本成分组成——激情、亲密和承诺。我们通常说三角形是最稳定的，但是现阶段的你们是无法满足"承诺"的，缺失"承诺"这一角的三角形会变得非常不稳定。当下年轻的我们并不能对爱情负责，不稳定的爱情想必也不是大家所追求的。

4. 课堂活动：爱的成长（10 分钟）

教师引导：其实，花儿完全盛开时才是我们完全成熟的时期，这时展现出的也是最美好的自己，当然这也是寻找理想爱人、建立稳定爱情的最恰当时期。为了能够更好地迎接理想中闪光的爱人，体验美好的爱情，还要学会自我认识和自我探索，明白自己的优点与不足才能够为未来的相遇付出更有针对性的努力。

活动规则：请同学们拿出之前贴有自己大头照的"我的花朵"卡片，在每个花瓣上用蓝色的笔写下自己认为自己具备的优秀品质。可能不是所有的花瓣都被填满，那么，为了能让自己成长为更加值得被爱的人，能够吸引优秀的理想爱人，目前你还需要修炼什么？用红色的笔把剩下的花瓣填满，请学生进行讨论分享。

教师总结：在找寻到理想爱人前，先要了解自己，等待成熟。为了能够获得稳定长久的爱，目前我们要做的就是不断地提升自己，相信两个合适的人会在未来都盛开时相遇！

5. 课后作业：给未来的 ta 写一封信（5分钟）

教师引导：其实每一段感情都值得被尊重和珍视，但是每一段感情带给我们的意义不同，美好的感情放在不恰当的位置带来的更多是伤害，放在恰当的位置便是两个人的共同成长。如果我们现在要保留一份感情，那么现在的你想对未来的 ta 说些什么呢？请大家下课后给未来的 ta 写一封简短的信，可以选择保存这封信，当与未来的 ta 相遇时再一同分享！

（九）实施要点或注意事项

在本次课程中，首先要注意激发学生的兴趣，导入环节要注重营造轻松愉悦的氛围。在"体验与分享"环节，要保持开放的环境氛围，避免出现学生不好意思分享的情况。要注意调动学生的积极性和主动性。在讲述案例时要清晰明确，避免无聊乏味。在对案例进行分析和总结时，要避免空洞，使学生深刻理解其中内涵。最后，要保证课后作业的参与度。

（作者：赵馨）

第二章

中小学生团体心理
辅导的流程与技术

第一节
中小学生团体心理辅导的筹划

　　一份好的中小学生团体心理辅导方案需要注重内容的丰富性和设计性，这份方案不仅是开展团体心理辅导的计划书，还是操作手册。一份完整的中小学生团体心理辅导方案主要包含团体性质与名称、团体目标、团体成员的组成与规模、团体活动的时间及频率、理论依据及参考资料、团体活动的场地安排、团体心理辅导活动的组成等。

一、中小学生团体心理辅导方案的设计

（一）团体性质与名称

　　在设计中小学生团体心理辅导方案时要明确该团体的性质，并依据团体性质为团体命名。团体名称应力求新颖、活泼、有吸引力，可以用带有隐喻的词语体现助人成长的含义，应突出团体的特定目标，不必体现所有目标。

（二）团体目标

　　团体目标包括整体目标、阶段目标和每期团体心理辅导的具体目标，即经过团体心理辅导后，成员在认知、情绪和行为方面应达成的改变。

　　中小学生团体心理辅导的整体目标可以分为三大类：一是以开发心理潜能为主，促进中小学生人格成长，增进其心理健康的团体心理辅导；二是适应性训练，训练中小学生更有效地处理人际关系，获得生活技能，更好地适应生

活；三是治疗性的团体心理辅导，重视潜意识，帮助有相关问题的中小学生缓解症状。

当聚焦于具体的团体心理辅导方案时，目标应清晰明确，具有可操作性。中小学生团体心理辅导的目标是团体成员参加团体的期望，也是团体领导者期望达到的目标和效果。以"自我肯定"主题团体心理辅导为例，其具体目标为：

1. 了解自我肯定的意义，以及自我肯定和生活发展的关系。

2. 探索个人行为模式，找出日常生活中自己无法自我肯定的原因。

3. 能够在安全的情景中学习并实施新行为。

（三）团体成员的组成与规模

团体心理辅导方案中要明确招募团体成员的类型、来源、人数、招募与筛选方式等，还应考虑团体成员的性别、年龄、认知水平等因素。团体成员的组成与团体目标的实现密不可分，团体成员的特点直接影响团体心理辅导方案和活动如何设计。

中小学生团体心理辅导能否顺利进行、是否能达到预期效果，与团体规模直接相关。团体规模过小，人数太少，团体活动不够丰富，且团体成员间难以形成有效的相互作用，成员容易感到紧张，会较有压力；团体规模过大，人数过多，团体领导者难以关注到所有成员的状态，使交流和分享较为分散，难以形成团体凝聚力，对团体活动的效果可能会产生负面影响。

经验尚浅的领导者要谨慎评估自己的能力，最好从 5 人或 6 人团体开始组织活动，以保证团体心理辅导活动的安全和辅导目标的实现。若无法确保团体成员能够坚持参加，或个别团体成员可能中途退出，可将招募人数设置得比预期人数多 1~2 人。

（四）团体活动的时间及频率

团体在经过开始阶段和过渡阶段后正式进入工作阶段，这是需要时间和耐心的。中小学生团体心理辅导活动成员需要时间来建立起彼此的信任、关怀，如此才能互相帮助。如果活动持续时间太短，会使活动效果受到影响；如果活动持续时间过长，成员易产生依赖，领导者及团体成员的时间、精力也无法支撑。

团体心理辅导的组织方式有两类，一类是持续式团体，另一类是集中式团体。

持续式团体需要持续一段时间，以便定期开展活动。团体持续的时长、活动间隔的天数、每次活动的时长等，是团体心理辅导计划者必须考虑的。一般以活动 8～15 次为宜，每周 1～2 次，每次 1.5～2 小时，持续 4～10 周左右。成长团体、训练团体、人际关系团体和会心团体的活动次数可适当少些，如 8～10 次；治疗性团体的活动次数可多一些，如 10～15 次。团体心理辅导实践不必墨守成规，团体心理辅导领导者可以根据实际情况进行调整。

集中式团体心理辅导常常要求团体成员集中住宿，利用节假日休息时间组织活动。集中的时长要根据团体目标、成员特点来确定。一般以 3～5 天为宜，最多不超过一周。

从参与者的角度来考虑团体活动时间安排，应尽量不要打乱团体成员的日常生活时间。团体心理辅导的频率和参与人数相关，如果团体成员人数较多，团体活动的次数也应适当增加，以使每个成员在团体中有足够的时间来探索自我。

（五）理论依据及参考资料

中小学生团体心理辅导的设计必须有理论支持，这是团体心理辅导方案形成的关键。设计团体心理辅导方案时，可以参考咨询心理学的方法，也可以参考中小学生的适应理论以及训练方案。团体心理辅导方案中应列出引用文献、参考资料、参考方案等。

（六）团体活动的场地安排

中小学生团体心理辅导一般在学校教室中开展，对活动场所有以下基本要求：有足够的活动空间；有安全感；环境舒适、温馨，能够让中小学生情绪放松；尽量避免中小学生分心。学校可以设置专门的团体心理辅导活动室，做到宽敞、清洁、空气流通、气温适当，最好有隔音条件，配备便于移动的桌椅。

活动场地环境的布置和座位的安排需要根据团体心理辅导目标、成员特征、团体规模来区分。

（七）团体心理辅导活动的组成

1. 热身活动

热身活动是团体心理辅导的开始，目的是让大家相互熟悉，彼此了解，消除紧张和陌生的感觉，融入其中。热身活动通常为自我介绍，也可开展一些小的暖身项目，如跳兔子舞、"一击即中""松鼠搬家""大风吹"等，这些活动以身体运动为主，能达到调动团体成员积极性的作用。一般时长为10分钟左右，包括1~2个游戏项目。

2. 主体活动

主体活动是团体的核心活动，是关系团体目标是否达成的关键，应按照团体目标而设计，并因团体阶段不同、目标不同而有所差异。每次团体心理辅导的主体活动为1~3个，每项活动的时长一般控制在30分钟以内。每项活动都要注重分享的过程，这个环节是不能省略的重点环节。

3. 结束活动

在每次团体心理辅导活动结束前，要设计5~10分钟的结束活动。一般以倾诉告别的话语、演唱告别的或励志的歌曲为主，开展此部分活动时多比较放松。此外，团体领导者需对该次团体心理辅导活动进行总结，通过请团体成员分享心得，将从团体中所学到的技能迁移到日常学习和生活中。

二、筹划中小学生团体心理辅导的注意事项

（一）避免为活动而活动

任何一种方案或一项活动，都只是团体心理辅导的工具或手段，而不是目的。应尽量避免活动过多，而不注重交流分享的问题。为了发挥活动的功能，领导者必须适当地运用领导效能及激发团体动力，有时需要外在条件如环境设备、成员参与、行政支持等的配合。

（二）避免照葫芦画瓢

有些团体领导者在设计方案时照葫芦画瓢，参考或抄袭他人的团体心理辅

导方案与活动，并不清楚团体心理辅导活动方案涉及的概念及活动目标，且开展团体活动时缺乏弹性和灵活性，以致团体发展过程出现问题，成员权益受损，参与意愿不高。严谨的做法是事先找到同行组成一个团体，将设计方案、不熟悉的团体活动在团体中实际操作一遍，共同探讨实施过程中的经验感受、问题焦点，并据此优化设计。

（三）避免不适当的活动

团体发展需要循序渐进、由表及里、由浅入深，团体成员的心态也需要有一个适应和转变调整的过程。如果领导者对各类活动的应用范围和功能了解不足，就会设计或安排出不适当的活动，阻碍团体发展。

（四）避免活动衔接不当

团体心理辅导是一个不断发展的过程，团体心理辅导中设计的各种活动不是孤立的、分离的，其不但能够配合团体目标的实现，而且活动之间应该有内在的逻辑联系，衔接巧妙，连贯流畅，一气呵成。如果活动衔接不当，会使成员有一种跳跃、不确定的感觉，影响团体效能。例如，使用"赠送礼物"的练习前，如果有"乐趣分享"活动做铺垫，成员之间就会形成了解基础，赠送的礼物就有针对性、个别化，能更好地满足不同成员的需要。

（作者：王海英）

第二节
中小学生团体心理辅导的实施

团体从开始形成到最终结束，会经历三个贯穿中小学生团体心理辅导的连续阶段，每一阶段都由前一个阶段发展而来，并成为后一阶段的基础。了解中小学生团体心理辅导的发展过程和各个阶段中小学生的心理发展特点、团队领导者的任务，有助于团队领导者掌握团体情况和变化，高效地实施团体心理辅导。

一、初始阶段的主要特征与活动任务

（一）初始阶段的主要特征

在团体心理辅导的初始阶段，团体成员之间缺乏认识，整体气氛可能会较为沉默，此时的中小学生团体主要表现出以下三个方面的特征：

1. 团体结构较松散

团体心理辅导活动开始时，团体成员处于懵懂和迷茫的状态，不知所措，不了解团体要做什么，能做什么，以及哪些行为是不被团体允许的，因此会体验到紧张和焦虑的情绪。在此阶段，团体成员具有防卫心理，更关心自我的情绪体验，与其他成员的接触有限，无法关心团体，团体结构尚未形成，较为松散。

2. 人际沟通表面化

团体心理辅导活动初始阶段的另一大特征为人际沟通表面化。在这一阶段，团体成员开始接触、互相认识，但同时关系较为紧张，会刻意与其他成员保持距离以保护自己。成员在刚进入团体的时候会保持一种"公众形象"，他们会表现出他人普遍能够接受的行为和观点，不会立即真诚地表露真实的自我。同时，团体成员在一定程度上会对团体感到不安和焦虑，他们以尝试性态度探索其他成员，大多数成员对团体有一些误解和好奇，领导者要对团体的内涵等进行澄清。有学者将团体心理辅导活动初期比喻为一个人在异国他乡度过的最初几天，必须学习某种新语言的基本内容及其不同的表达方式。

3. 情绪体验多样化

对于第一次参与团体心理辅导活动的中小学生来说，许多团体规则、活动都是既陌生又新鲜的，许多不确定性会给他们带来焦虑和期待。一方面，团体成员会对团体活动充满好奇和希望；另一方面，他们会体验到对陌生和未知的紧张和害怕。此时，团体成员的内心会产生许多疑问，如：领导者（老师）是否会喜欢我？我在团体中说的话会被理解吗？其他成员会笑话我吗？我在团体中会被喜欢还是被讨厌？我可以信任其他人吗？他们可以帮助我解决问题吗？这一阶段，成员的情绪体验会十分丰富，也会较为矛盾。

（二）初始阶段领导者的任务

基于团体心理辅导活动初始阶段的特征，领导者需要营造安全的气氛，促进团体成员彼此信任，并带领团体成员共同建立团体规则等。此阶段领导者的任务主要有以下七个方面：

1. 建立信任感

在团体心理辅导活动刚起步的阶段，有些团体成员常因担心自己的言行不会被他人接受而变得小心和谨慎。有的成员会故意做出不友善的言行，以试探他人的态度和评价，验证团体气氛是否安全，是否能接纳他的行为和情绪。这一阶段的团体还可能出现气氛沉默和尴尬的情况。因此，领导者需要尽可能地建立团体成员间的信任感，推动和促进团体的发展。

2. 为团体做示范

在团体心理辅导活动初期，大部分成员相当依赖团体领导者，中小学生对于教师或领导者的依赖会更加强烈。因此，领导者应时刻意识到自己被团体成员视为一个权威人物和行为的榜样，以给予团体成员良好的示范。领导者领导团体时，不仅是权威和专家，而且是一个具有榜样作用的参与者，为团体确定步调和形成规范。领导者在第一次团体活动中，应向团体成员说明期望，示范人际互动的真诚和自发性。当成员体会到领导者真诚的关心和对团体的投入后，会受到激励，积极融入团体。

3. 确定团体目标

领导者应向团体成员阐明团体目标，并帮助其澄清、建立和确定有意义的个人目标。领导者需要让团体成员认识到团体的目标是自我探索、自我成长，各成员需要通过参与活动及真诚的表达和分享，让他人了解自己，促进交往沟通；需要倾听他人的分享，并给予真诚的回应和反馈，积极面对矛盾冲突，处理在团体中产生的各种情绪，形成新的行为，并应用到生活情境中。

此外，在团体心理辅导活动初始阶段，各成员的个人目标是模糊和笼统的，领导者需要协助其建立真实的、可实现的个人目标，以实现自我成长。

4. 形成团体规则

形成团体规则是领导者在团体心理辅导活动初始阶段的任务之一。明确具体的规则能够维护团体成员的利益，保障团体发展。在团体的第一次聚会中，领导者要帮助各成员明确团体的基本规则，如出席和缺席的规则，聚会时是否可以吃东西；成员的权利和责任，保密问题和限制；等等。有些重要的规则可以反复提醒，如某个成员在团体中表达了个人问题，团体结束时领导者可以提醒其他成员遵守保密规则，不要因好奇或热心而违反规则；当成员迟到的时候，领导者除了询问原因之外，还可以重申准时出席的规则。领导者要带领成员共同讨论和确定团体规则，使成员们达成对规则的认同，严格遵守规则。

5. 明晰团体责任

在团体中，领导者和各成员都要承担团体发展的责任，以维护团体秩序和促进团体发展。领导者只将团体发展看作自己的责任，实际上是剥夺了其他成员在团体中发挥作用的权利。如果团体成员被认为是没有能力的，他们很快就会依赖领导者，放弃自己应承担的责任。团体心理辅导活动初始阶段，成员们不知道自己在团体中要承担哪些事务，需要领导者帮其明确团体中每个人对团体发展都有积极作用，团体需要每个人的积极参与和投入。

6. 提供适度指导

指导既可能促进又可能抑制团体的发展，过多或过少的指导都会损害团体的自主性和团体成员的发展。过少的指导会导致团体的盲从，使成员们变得过分焦虑，抑制他们的自主性；过多的指导会限制成员的发展，助长成员对领导者和他人的依赖，成员们可能会等待领导者来安排所有事情，而不是承担起寻找自己发展方向的责任。因此，领导者在团体心理辅导活动初始阶段要对成员进行一般性的指导，同时应避免助长成员对领导者的依赖。

7. 签订团体契约

契约也称协约、合约，是领导者为了引导团体成员达成团体目标而与团体成员签订的口头或书面协议。相较口头契约，书面契约更为正规。契约的内容应包括成员的权利和责任、在团体内应遵守的规则等。签订契约是一个协商讨论的过程，通过这个过程能够加强成员与领导者、成员与成员之间的沟通协商，体现了团体中所有人的平等参与，使成员在领导者的鼓励下，增强自信心，提升对团体的兴趣，了解在团体中的具体行为，清楚团体的真正运作方式及团体对他们的要求，以缓解成员紧张、不知所措的情绪。

二、过渡阶段的主要特征与活动任务

（一）过渡阶段的主要特征

在团体心理辅导过渡阶段，团体成员之间有了简单的了解和认识，但相互间的信任尚未完全建立，成员们的试探性行为居多，且会产生一定的矛盾冲突。本阶段团体的特征主要表现在以下几个方面：

1. 团体成员的焦虑情绪不断增强

过渡阶段的一个普遍特点是焦虑和防卫不断增强。团体成员会通过对团体的怀疑来表达焦虑，例如：这些人是真的了解我吗？他们是否关心我？我在团体中公开自己有什么好处？我惧怕开放之后可能看到的东西。当我表达自己的时候别人会有什么样的反应？在团体里我能在多大程度上接近别人？我能在多大程度上对其他人公开我的情感？等等。

成员的焦虑主要来源于害怕其他成员对自己产生超出"公众形象"的认识

和评价，害怕被误解和批评。这种焦虑也来源于对团体情境中的目标、规则、所期望的行为的认识不清晰、不明确。随着成员逐渐充分地信任其他成员和领导者，他们逐渐能够表露自我，焦虑也逐渐减弱。

2. 团体成员间存在冲突和矛盾

过渡阶段团体成员间的关系主要表现为对彼此消极的评估和批评。团体成员可能会对其他成员的行为采取较为消极的态度和评价，但不愿意了解别人对自己的看法，这使团体成员间不可避免地出现各种程度的冲突和矛盾。

3. 团体成员与领导者的关系方面

在过渡阶段，团体中的秩序在逐渐建立，团体成员与领导者之间会发生隐形的权力争夺，成员们会努力获得控制和支配权力。这些矛盾冲突的表现较为复杂，"它无时不在，有时悄然无声，有时如文火焖烧，有时又如大火冲天"。团体成员的控制行为包括竞争、敌对，运用各种手段谋求利益、争取领导地位、频繁地讨论决策和分配责任。

团体领导者可能会在个人和专业方面面临挑战，可能被批评"太过于理性，太严厉"，或被指责"和团体中其他成员没什么区别，没有特别能力"，领导者还可能被要求袒露过多的私人信息，等等。

成员向领导者提出异议和挑战，经常是团体成员走向自主的第一个重要步骤。在这个过程中，绝大多数成员会体验到一种依赖与动力的冲突。成员依赖领导者是团体初期的特征，如果希望成员能脱离这种依赖，领导者就必须允许并坦诚地处理团体成员提出的对领导者的异议。如果恰当地领导团体，成员们的自主性会逐渐加强，最终与其他成员和团体领导者达成一种伙伴意识，实现自我探索和发展。

4. 团体成员的态度方面

在过渡阶段，团体成员会表现出抗拒，即让自己或别人避免对个人问题或痛苦体验做深入探索的行为，这也属于一种防卫性行为。领导者应尊重成员的抗拒行为，因为抗拒是成员保护自己的方法和体现，这是对成员的尊重。

（二）过渡阶段领导者的任务

团体领导者在过渡阶段面临的核心问题是要选择恰当的时机在团体中谨慎地采取介入措施，协助团体建立自我表达模式，为团体成员提供鼓励和挑战。

领导者要告诉成员们识别和处理冲突情景的重要性，尊重成员们的焦虑与防卫行为并建设性处理，使团体工作向前推进到富有凝聚力的成熟阶段。

1. 化解团体成员间的矛盾和冲突

团体成员对于消极情绪的表露也能够检验团体的自由度和信任度。成员们会以此观察团体是否是一个能表达不同意见、产生并表达消极情感、体验人际冲突的安全场所，会试探当自己不友善乃至带有攻击性时会在多大程度上被接受。如果领导者认为矛盾冲突总是消极的，认为不良的关系是错误的，或者忽视了团体中的矛盾冲突，那么产生这些矛盾冲突的因素会进一步恶化，甚至破坏真诚交流的机会。所以，领导者要正确认识过渡阶段的矛盾和冲突，与团体成员一起合理应对，使团体成员能够维持其自身整体性，增强彼此之间的信任，营造积极良好的氛围，使彼此之间的关系更加牢固，使团体的凝聚力得到加强。

2. 接受团体成员的异议和挑战

领导者接受并处理成员的挑战，会对团体发展产生很重要的影响。领导者要重视成员的挑战，直接且真诚地处理成员的异议和批评，表达自己对这些意见的看法和感受，促进成员间真诚而顺畅地交流，推动团体进入成熟期。

3. 改变团体成员的抗拒态度

处理抗拒的有效方法是把它们看成团体发展历程中正常的事情，领导者承认抗拒是成员对自身参与冒险行为或改变行为的一种自然反应。领导者要以开放的心态、接纳的氛围，鼓励成员承认并解决他们所体验到的任何彷徨和焦虑。当成员意识到他们的抗拒倾向并愿意真实地表达他们的困惑时，团体就进入了形成建设性关系的新阶段。

要使一个团体做事有效率，必须在支持与挑战之间建立一种平衡。研究表明，领导者的攻击性对质是团体中最大的危险，领导者不应在过渡阶段对成员进行强烈的对质干预，只有当团体中形成充分的信任基础时，成员们才可能开放式地接受对质。在过渡阶段，领导者应尽力营造一种支持性和挑战性相平衡的氛围。

三、成熟阶段的主要特征与活动任务

（一）成熟阶段的主要特征

在团体成熟阶段，团体成员之间能营造出开放包容的氛围，成员间能够做到接纳和信任。本阶段团体的特征主要有以下几个方面：

1. 团体凝聚力增强

团体凝聚力包括团体对成员的吸引程度、包容性、团结性，给成员带来的归属感。团体凝聚力在团体初期就已初步形成，但彼时团体成员间的信任不足，凝聚力较弱。进入成熟阶段的团体经由解决过渡期矛盾和冲突的磨炼，凝聚力更强了。

团体凝聚力产生于成员间真诚相待并敢于做出冒险行为的时候，此时成员真诚地表露他们深藏的重要个人问题，这种表露使团体成员了解到别人也和自己有同样的问题，产生对他人的认同感，团体也因此更有凝聚力。凝聚力为团体提供了向前发展的动力，是团体获得成功的前提。但是团体凝聚力不会自动产生，它是团体成员和领导者共同投入，逐步营造出团体整体感的结果。

2. 成员对团体充满信心和希望

经历了过渡期的矛盾冲突之后，成员们更能感受到团体对自己的接纳，当自己真诚地表达想法时，其他成员也能够真心表露、坦诚相待，互相分享、关怀和承诺，对团体有更强的信心、信赖，相信团体会促进自己的成长，能帮助自己解决困难，心中充满了希望。

3. 成员愿意自我表露

从加入团体开始，团体成员就在一点一点地慢慢表露自己，但在真正的信任和安全尚未建立起来时，成员所表达的是较表层的公众自我，或者是与团体此时此地无关的想法和事件，是比较安全、没有威胁性的内容。当团体到了成熟阶段，团体成员开始表露内在自我，即真实的自我，或者乐于针对较冒险的和具有挑战性的问题分享自己的想法，这样的探索更深刻、有意义。成员们不但有机会真实地认识自己，而且有机会使别人更了解自己。整合自己的自省和他人的回馈、协助，成为成员们学习成长和突破发展的最佳方式。

4. 较高程度的"此时此地"

团体成员在成熟阶段能够体验到信任与接纳，不再有顾虑，逐渐愿意表达自身的真实感受，把团体当下的情况与气氛，不加掩饰地反映出来，这是真实地面对自己、真实的人际互动、自己与环境的真实共存，是真实的生活。这对许多成员来说，是巨大的超越和突破，对团体而言，是"此时此地"程度的进一步加深。

5. 成员的改变动机明显增强

成员在经历了过渡期的矛盾冲突后，不再防卫和掩饰自己，更愿意融入团体，分担团体的责任，为自己的成长负责。成员逐渐回忆起初进团体时希望有所改变和成长的期望，改变的动机比以前任何时候都强烈。

6. 成员的认知结构得以更新

在开放包容的团体氛围里，成员能够把内心真实的情绪表达出来。情绪宣泄虽然有治疗作用，但并不足以改变成员的行为，因此成员必须面对并深入分析和探讨自己的困扰，加以重新认识和解释，从认知层面进行重建，从行为层面做出改变。

7. 成员能够实践新的行为

成员加入团体的目的之一是学习更适应、更有效的行为，得到发展或解决生活中面临的问题。在日常生活中，中小学生因为担心做不好或无法预测新行为的结果，不会轻易放弃熟悉的行为方式。成熟阶段的团体为成员学习新行为提供了安全的场所、开放接纳的氛围，使成员能够在其中练习和实践新的行为，改变自己，并将学到的新行为应用到团体之外的实际生活中。

（二）成熟阶段领导者的任务

成熟阶段是开展团体活动，促进团体发展和成长的主要时期，本阶段领导者的主要任务在于逐步实现团体目标，围绕团体主题和成员需求开展团体活动。成熟阶段，领导者的任务具体可以概括为以下几点：

1. 协助成员更深入地认识自己

认识自我是完善自我的前提。在开放接纳的团体气氛中，团体成员愿意探索自己、表露自己，领导者可以借此机会协助成员进行更深入的自我探索、自我认识、自我接纳、自我肯定、自我改善、自我评估，使其了解自己的问题或行为的形成原因及相互关系，将其作为自我发展和成长的基础和推力。

2. 鼓励成员彼此尊重和关怀

在成熟阶段，团体成员比以前更愿意表露较深层的自我，大多数人都是以真我示人，彼此尊重，这样的氛围能够鼓励成员继续真诚地表露自我，也能维持每个人的独特性。当有成员表达自己的困扰或伤痛时，如果其他成员能适时地给予关怀和支持，就可以降低其痛苦，使其有勇气和信心继续前行。领导者需要适时鼓励成员彼此尊重和关怀。在团体中，关怀的力量是相互的，当成员对他人表达关怀的时候，他人也能够回馈以关怀。

3. 鼓励成员共享资源

团体的特征之一是拥有多方面的信息和资源，领导者要鼓励成员分享自己的经验、知识和技能，交流并相互帮助。每个成员都有自己的背景和生活经验，相互帮助可以协助他人获得更多方面的信息，开阔视野，丰富生活，更了解自己并解决问题。同时，领导者应协助成员从团体经验、资源中重建自身的认知，协助成员分析、反思自己的认知，修正不适用或不合理的信念，建构合理健全的信念。

4. 善用对质技术

对质是心理辅导的技术。对质是出自真诚、同感和关怀的建设性挑战，而非带有敌意的攻击，需要在充分信任的基础上使用。对质的目的是协助成员洞察阻碍自己成长与自我实现的矛盾、防卫心理和盲点，以开发个人的潜能，实现个人成长目标。在团体未达到成熟阶段之前，建议较少使用真正的对质。在团体互动过程中，成员们能够基于彼此间的信任，表露真实的自我。在此过程中，当领导者和其他成员发现某成员有不一致、自我破坏、自我防卫或自相矛盾的行为时，应从爱护和协助的立场出发与其对质，使该成员正确客观地了解自己，并采取适合自己的有效行动改变自己。

5. 协助成员把领悟转化为行为

成员通过在团体中自省和其他成员的反馈，对自己和环境的关系有了新的了解和领悟。领导者应协助成员把这些领悟和认识具体转化为行为。例如，某个成员领悟到自己的失败不是运气不好，也不是老师不公平，而是自己学习不努力时，如果只是领悟还不能改变他的状况，必须有实际行动，因此，领导者可以协助成员将新的认识转化为行动。例如，可以将"努力用功"具体化为：每天减少一个小时看电视的时间，多花两个小时阅读，养成上课做笔记的习惯，等等。

每个人都不习惯改变，尤其是尝试从未有过的新行为。此时领导者要鼓励成员在团体这个开放的环境中做出冒险性行为，尝试新行为，并给予肯定和鼓励，增强成员的信心，促使其将新行为应用到团体以外的生活情境之中。

6. 协助成员解决个人问题

成员参加团体心理辅导活动的重要动机和目的之一是解决自身心理和行为困扰，领导者应协助成员达成个人目标，帮助其消除困扰。领导者可以通过澄清、分析问题，协助成员建立合理目标，共同讨论并提出解决问题的策略和方法，并促使成员做出行动，有所改变，达成目标。

7. 继续示范有效的行为

在成熟阶段，团体领导者依然需要自我开放，为成员提供示范，与成员分享自己的感受，继续为成员树立榜样。同时，领导者要采取一些有效的活动方式，如能促进大家彼此了解且有趣的主题讨论，使团体成员参与其中，协助成员在感觉、态度、认识和行为上做出积极的改变，并将在团体中学习的内容运用到日常生活中。

四、结束阶段的主要特征与活动任务

中小学生团体心理辅导的结束阶段主要为最后一次团体心理辅导，此时的团体即将结束，成员要面对分别。在本阶段，团体会表现出与先前较为不同的特点，领导者的任务也与之前有较大区别。

（一）结束阶段的主要特征

在团体心理辅导活动的结束阶段，成员要面对活动的结束与成员间的离别。该阶段主要表现出以下三方面特征：

1. 出现离别的情绪

在团体心理辅导活动的结束阶段，由于即将分别，一些成员心中充满了分别的不舍和焦虑。团体发展越成功，成员依依不舍的情绪越强烈，甚至会有依赖、伤心、恐惧、沮丧、忧虑等体验。经过艰难的努力建立起来的友谊和情感马上就要结束，这一事实会让有些成员产生消极的情绪，认为领导者或其他成员不喜欢自己、要抛弃自己，也有些成员不愿意结束团体心理辅导，要求延长团体心理辅导的时间。

2. 对外界的担心越发明显

在进入团体之前，许多成员可能在现实中有适应不良的情况，所以，当他们在团体中感受到开放包容的接纳，对团体有强烈的归属感时，再面对团体即将结束的现实，会舍不得离开团体，不愿意结束团体。成员对团体的情感越强烈，对外在的担心越明显。当成员即将回到现实生活中，面对现实中的种种问题时，会产生焦虑情绪，担心自己是否有能力把团体经历带到日常生活中。

3. 团体联结出现松散

一般而言，团体目标在结束阶段已经达成，成员意识到团体就要结束了，每个人都在思考自己现实的生活，成员之间的互动频率和强度会降低，团体的影响力也会减弱，团体规则也有所松散，甚至会有人缺席，或者有人因害怕结束带来的伤感而提前离开团体，不愿再投入情感，避免因分别而痛苦。

（二）结束阶段领导者的任务

在结束阶段，领导者需要安抚好成员的情绪，帮助成员整理学习成果，让成员之间能够相互给予反馈和祝福。因此，本阶段领导者的任务主要有以下几点：

1. 认真处理离别情绪

在团体结束阶段，团体成员和领导者都会产生离别情绪。领导者首先要处理好自身的情绪，不要因为舍不得团体而和成员纠缠在一起。同时，领导者在团体结束的前一两次活动中要指出团体即将结束，让成员有离别的心理准备。领导者要把握好处理成员情绪的机会，同时要鼓励成员表达内心的担心和失落，抚平成员心中的离愁。领导者要提醒成员团体结束的积极意义所在，即团体的进步和成果是成员们共同参与、真诚沟通的结果。只要成员能在真实生活中遵循同样的态度和行为，就有建立和谐关系的机会。

领导者如果能够协助成员处理好离别时的各种感受，成员就会转而表达团体经验带来的积极感受，肯定团体对个人的积极影响和价值，分享个人面对团体结束的感受，将团体中感悟和学习到的认知和行为方式应用到实际生活中，学习在没有团体的支持下保持自我改进和发展。

2. 协助成员适应外界情境

当团体处于结束阶段时，团体成员会期望现实生活中的人也像他们一样有所改变，彼此接纳和尊重，做到开放和包容。领导者要让成员认识到，如果期望他人改变，就需要通过自己的改变来影响他人。此外，领导者可以带领成员讨论对现实生活的担心，并互相支持和鼓励，增强适应能力。

3. 协助成员整理学习成果

在结束阶段，领导者要带领团体从问题的探索和感悟回到活动的回顾和总结上，协助成员认真总结整个团体心理辅导的过程，梳理在团体中学习到的知识，确认自己是否真的改变和成长了。领导者要鼓励团体成员将分享具体化，而不是笼统而抽象地叙述出来，如用"我学会了听别人讲话，和人发生冲突时可以控制自己的脾气"代替"我在处理人际关系上有进步"这种比较概括的说法。领导者可以在成员分享收获的时候，鼓励成员相信和肯定自己，让他们相信自己能够将从团体中获得的成果迁移到现实生活中。

4. 处理尚未完成的工作

在团体心理辅导过程中，领导者或者成员有些预先要做的事情，或想做但来不及做的事情，需要在活动结束时以信息提供或原则指引的方式进行处理。例如，有些成员的问题没有时间探讨或探讨得不充分，领导者可以这样表达："由于活动时间有限，我知道到今天为止，你们中有人仍然有很多问题无法彻底解决。我可以提供一种理论性的观点，大家可以利用它来思考自己的问题。我也会给一些成员提出有针对性的继续接受个别辅导的建议。"一次团体心理辅导是无法完全解决所有问题的，但让成员产生意犹未尽的感觉，也有助于促使他们继续思考，自主地寻找解决途径。

5. 继续给予和接受反馈

在整个团体发展过程中，成员间持续给予和接受反馈，在团体即将结束时，大家也会彼此给予最后的反馈。有意义的反馈应该是具体的、明确的，而不是抽象的，不是"你很好，你很能干"，而是"你对我说话时眼睛看着我，而且面带微笑，让我感到很舒服""当我们都不知道该做什么时，你说出自己真实的看法，对我很有启发"。对他人最有参考价值的反馈应该是没有价值评判的、没有自己主观偏见的反馈。许多团体在结束时，成员因建立了深厚的感情，会自发地商量结束后何时再聚会并继续保持友谊、相互支持，领导者应鼓励这样的行为。

6. 提醒保密

保密是团体心理辅导活动最重要的规则，除了团体开始阶段要有保密的承诺外，领导者在整个团体心理辅导活动过程中都要不断提醒成员遵守保密原则。在临近结束时，领导者需要再次提醒大家，在离开团体后，不议论和公开团体中成员的个人隐私，继续尊重他人和维护他人的权益。

7. 提供继续学习或进一步服务的资源

在结束团体的时候，如果有成员想要接受进一步的咨询或治疗，领导者应提供相关资源以供成员选择和使用。例如建议他们去参加其他的团体，或接受个别辅导和心理治疗等。人生是一个不断成长的过程，一个团体无法解决中小学生所有的成长困扰。团体的结束也是新的个人成长的开始，团体成员可以在真实生活中应用学到的认知和行为方式，自主解决新的问题。

8. 评估团体效能

对团体心理辅导活动的效能进行评估也是团体结束阶段的重要任务之一。团体心理辅导是否达到预期目标？是否有效？团体成员是否满意？今后组织同类团体心理辅导需要在哪些方面进行改进？团体效能的评估至关重要，每次团体结束时都需要进行评估，这有助于了解团体发展的动态变化和阶段性成果。一般每次团体心理辅导活动结束后，领导者都需要检验团体目标的达成情况、团体动力的变化情况、发生的事件对团体的影响、处理问题的方法是否恰当等。到整个团体心理辅导活动结束时，更需对团体全过程做完整的评估。评估的方法可以是定量分析，也可以是通过了解成员对团体的意见和感受形成的主观报告。比如"团体经验对你有哪些启发""参加团体是否对你有负面的影响""在你与其他人的关系方面，团体对你有什么帮助"等。

评估不但可以帮助领导者了解团体成员和整个团体达成目标的情况，而且可以帮助领导者了解自己带领团体的能力，总结经验，找出不足，促进自身成长。

（作者：王海英）

第三节
中小学生团体心理辅导案例分析

一、"自我意识"主题团体心理辅导

（一）团体性质

结构式、封闭式团体

（二）团体活动目标

1. 能够正确地认识自我和他人，知道认识自我的重要性，客观评价自己的优缺点。

2. 通过自我评价和他人评价两方面来认识关系中的自己。

（三）团体成员及规模

小学 5～6 年级学生，25～30 人

（四）团体活动时间

星期五下午 3:30～4:30 分

（五）团体活动地点

学校心理活动室

（六）理论依据

1. 詹姆斯的自我理论

詹姆斯将自我分成主体我和客体我两种类型。前者表示的是自己认识的自我，即主动地体验世界的自我；后者表示人们对于自己的各种看法，如人的能力、社会性、人格特征及物质拥有物等。客体我由三个要素构成——物质我、社会我、心理我，而这三个要素都包括自我评价、自我体验以及自我追求等方面。某些小学生由于没有形成对自我的正确认识，积累了不良的生活体验及情绪，这些会严重影响他们的发展。把主体我和客体我结合起来看待自我，有助于他们正确地认识自我，形成良好的自我意识。

2. 乔哈里窗理论

人的自我由公开区、盲目区、隐秘区、未知区四个部分组成，随着个体的成长与生活经历，自我本不相同的四个部分也发生着变化。当一个人的自我公开区扩大时，其生活会变得更充实，不论与人交往还是自处，都会显得轻松而有效率；盲目区变小时，人对自我的认识会更清楚，能在生活中扬长避短，发挥自己的潜力。

自我意识在个体的健康人格和行为的形成中具有主动调控和完善作用。具备良好心理素质的重要标志之一是有成熟的自我意识和健康的自我形象。学生自我意识的成熟和完善对学生的自我认知、体验和控制起着重大作用。自我意识完善和成熟的学生能更客观地自我肯定、自我欣赏，对自我行为和意识进行调控，能更正确地分析和克服学习和生活中的挫折。

（七）参考文献

［1］林孟平. 小组辅导与心理治疗［M］. 北京：商务印书馆，1993.

［2］樊富珉. 团体咨询的理论与实践［M］. 北京：清华大学出版社，1996.

［3］林崇德. 发展心理学［M］. 北京：人民教育出版社，2009.

（八）团体活动准备

树叶、卡纸、彩笔

（九）团体心理辅导方案

1. 活动 1：寻找我的树叶（10 分钟）

活动目标：

通过观察树叶，启发成员对自己的特点进行思考。

活动流程：

（1）分发树叶：团体领导者将团体成员分成 4 组，每组选出 1 人为组内的每位成员发一片预先准备好的树叶，大家用 60 秒时间认真地观察手中的树叶。

（2）收回树叶：发放树叶者收回树叶。团体领导者把各组的树叶在组内打乱，然后让大家找出自己刚才观察的树叶。

（3）问题讨论：你是否找到了自己的树叶？你是如何做到的？根据大家的回答进行总结。

（4）领导者总结：我们在刚刚的游戏过程中发现，要找到自己的那片树叶并不难，找到只是时间问题。在这个世界上没有完全相同的两片树叶，也没有完全相同的两个人，每个人都是独一无二的。接下来就让我们一起到个性名片秀活动中寻找自己的独特之处。

2. 活动 2：个性名片秀（25 分钟）

活动目标：

通过设计"个性名片"，发掘自己的特点，推荐自己，同时了解别人。

活动流程：

（1）设计名片：以组为单位，发给每名学生一张卡纸、一套彩笔。在 10 分钟之内，小组内每位成员为自己设计一款包含不少于 5 条个人信息且新颖独特的名片，除文字外，还可以用图形、颜色等多种形式。态度要认真、真诚，设计的名片要有个人特色，可创新，力求最大限度地展现自己。

（2）交流分享：小组内交流，集体分享。

（3）领导者总结：刚刚结束的这个小活动，让我们更加深刻地认识了彼此，也让我们更亲近了。每一个人都展现了自己独特的一面，这些个性特点无论是在个人成长还是在团队合作中都非常重要。希望大家在制作这个名片的过程中，能够更加了解自己的优点、认识自己的潜力。同时，要学会欣赏和尊重其他成员的不同特点，彼此间建立起良好的关系和互动。未来的路会很长，会有很多需要我们共同面对和克服的问题。在这个过程中，我们需要不断地对人生进行取舍，接下来就让我们走进人生拍卖会，体会自己人生的选择。

3. 活动3：背后悄悄话（25分钟）

活动目标：

通过对他人的客观评价以及他人对自己的客观评价来整合和完善自我意识。

活动流程：

（1）分发纸张：每个成员分得一张16开白纸，在白纸正面的左上方写上自己的姓名，在姓名的下方写一句话，以鼓励留言者为自己留言。

（2）固定纸张：组内成员相互帮忙，用大头针或双面胶把白纸固定在每个成员的背部。活动开始，同时播放背景音乐（注：背景音乐应节奏欢快）。

（3）自由留言：所有成员在全班范围内给其他成员自由留言。留言结束后，以小组为单位取下背上的白纸，进行3～5分钟的小组讨论。

（4）领导者总结：相信大家在看到别人对自己的评价时心里会有很多的感受与触动，其实很多时候，我们不只是自己眼中的自己，也不只是他人眼中的自己，我们是一个综合体，我们就是我们，要从多个方面认识自己，从而为自己寻找一条最合适且具有长远意义的道路。今天的活动到这里就要接近尾声了，希望这次活动能帮助大家更好地了解自我、接纳自我、开放自我，谢谢大家！

（作者：王海英）

二、"同伴交往"主题团体心理辅导

（一）团体性质

结构式、封闭式团体

（二）团体活动目标

1. 在人际交互中感受价值观的多元化，学会理解他人。

2. 感受个性特征对人际关系的影响，了解受欢迎和不受欢迎的个性。

3. 觉察自己的个性特征，自主养成受欢迎的个性。

（三）团体成员及规模

小学高年级学生，30～40 人。

（四）团体活动时间

45 分钟

（五）团体活动地点

团体心理辅导室，班级教室（桌子和椅子等可以移动的空间）

（六）理论依据

1. 人际交互作用分析理论

1957 年，心理学家柏恩提出了人际交互作用分析理论。柏恩按照人的发展阶段特征，把人的自我状态划分成三种，分别是儿童状态、成人状态和父母状态，这三种状态造就了人的多重天性。这几种状态的单词字母组合起来是 PAC，该理论简称 PAC 理论。虽然这些状态的名字带有明显的年龄色彩，但是它只跟人的心理状态有关系，不受年龄和角色的影响。

当交互作用发生时，这种对他人的刺激做出反应的行为就是交互作用。交互方式又被分为互补式交互和非互补式交互两种。在交互过程中，当发出者和接受者的交互模式不平行时，为互补式交互，如老板以成人对成人的模式来问员工："公司受损的问题，你有没有解决的办法？"员工则以孩子对家长的模式来回答问题："那我也不懂，你是老板，应该你来解决才对。"反之，当两者的交互模式平行时，为非互补式交互。

2. 社会认知理论

第一，社会认知理论从认知角度分析。认知是人类处理信息的方式和能力，人们对自己和他人的认知过程是社会认知理论的研究重点之一。通过对自我和他人的认知，人们可以更好地理解和适应社会环境。例如，对自我认知的研究可以帮助人们了解自己的优势和潜力，更好地适应生活和工作。对他人认知的研究可以帮助人们更好地理解他人的想法和行为，提高沟通和合作能力。

第二，社会认知理论从情感角度分析。情感是人类社会生活中不可或缺的一部分，社会认知理论研究情感的作用和机制。例如，情感可以影响人们对自我和他人的评价和行为，情感也是人们社交互动中表达和传递信息的一种方式。因此，对情感的认知和理解对于人们的生活和工作都有很重要的作用。

第三，社会认知理论从行为角度分析。人们的行为是受认知和情感影响的，社会认知理论研究人们的行为是如何受到自我和他人的认知和情感影响的。例如，人们的行为不仅受到自己的想法和情感的影响，还受到他人的看法和期望的影响。因此，对自己和他人的认知和情感的理解能够帮助人们更好地理解和控制自己的行为，提高社交能力和影响力。

总之，对社会认知理论的研究包括认知、情感和行为等多个因素，它可以帮助人们更全面地了解自我和他人，进而更好地适应社会环境，提高个人发展与社会交往能力。社会认知理论的三个关键词是认知、情感和行为。

（七）团体领导者条件

熟悉团体心理辅导的基本理论，具有一定带领团体的经验。

（八）活动材料

纸、笔、最佳配图活动资料

（九）团体心理辅导方案

1. 热身活动：略（10 分钟）

2. 主题活动（30 分钟）

（1）活动 1：最佳配图

活动目的：

成员通过活动学会"不妨听听别人的意见"，逐渐明确许多事情的答案是多元的，只是理解的角度不同而已。

活动规则：

主持人将"最佳配图"资料（见图 2 - 1）发给大家，每人一张。

请成员根据自己的理解，在 2 分钟内针对 10 个图案进行两两配对。

全班交流"最佳配图"，说出各自的理由。

注意事项：

要求成员之间先不讨论，独立完成"最佳配图"。

在全班交流中，充分听取成员的不同意见，并将不同答案用不同颜色的线条汇总在一张图上，点评时一目了然。

最佳配图

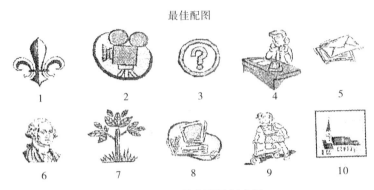

图 2-1 最佳配图示意图

（2）主题活动 2：魅力测试站

活动目的：

协助成员认识在人际交往中受欢迎的人格特质。

具体操作：

领导者描述情景：你参加了一次夏令营活动，在这个夏令营里你结识了很多性格迥异的人，有真诚的、善解人意的、乐于助人的、体贴的、热情的、善良的、活泼开朗的、风趣幽默的、聪明能干的、自信的、心胸宽广的、脾气古怪的、不友好的、饶舌的、自私自利的、自负傲慢的、虚伪的、恶毒的、不可信任的、性情暴躁的、孤僻的、冷漠的、固执的、心胸狭隘的等等。

组织成员进行讨论：你最不愿意和哪三种人做朋友？最愿意和哪三种人做朋友？请简要地说明理由。你认为自己最类似于以上哪两种人？（每位成员在心里对自己做评判，不需要说出来）仔细倾听其他成员的评价，了解自己的性格在人际交往中的受欢迎程度。

领导者根据成员的发言，记录每种性格的魅力指数（性格得分）。将最受大家欢迎的三种性格依次记＋3分、＋2分、＋1分；将最不受欢迎的三种性格分别记－3分、－2分、－1分。所有成员发言完毕后，计算每种性格的总分，得出该性格的人际魅力指数。

组织分组讨论：如何培养最受欢迎的三种性格？如何克服最不受欢迎的三种性格？

3. 领导者总结（5分钟）

在同伴交往中，我们有一个共同的倾向——希望别人能承认自己的价值，支持自己，接纳自己，喜欢自己。但是任何人都不会无缘无故地喜欢我们、接纳我们。别人喜欢我们是有前提的，那就是我们也要喜欢他们，承认他们的价值。在同伴交往中，喜欢与讨厌、接近与疏远是相互的。一般而言，喜欢我们的人，我们才会愿意去喜欢他，愿意接近我们的人，我们才会愿意去接近他；而对于疏远、厌恶我们的人，我们也会疏远和厌恶他。因此，在同伴交往中应遵循交互原则。对于交往的对象，我们应首先主动敞开心扉，接纳、肯定、支持、喜欢他们，保持在人际关系中的主动地位，这样别人才会接纳、肯定、支持、喜欢我们。

（作者：张文霞）

三、"情绪调节"主题团体心理辅导

（一）团体性质

结构式、封闭式团体

（二）团体活动目标

1. 体验表达情绪的过程和感受，理解情绪的感染性，树立合理表达情绪的观念。

2. 感受负性情绪的普遍性和正常化，学会宣泄、表达负性情绪的方法，掌握调试负性情绪的有效策略。

3. 认识10种积极情绪，感受生活中的小美好，体验和构建积极情绪。

（三）团体成员及规模

小学高年级学生，30～40人。

（四）团体活动时间

45 分钟

（五）团体活动地点

团体心理辅导室，班级教室（桌子和椅子等可以移动的空间）。

（六）理论依据

1. 情绪管理理论

情绪管理理论认为，情绪的管理不是要去除或压制情绪，而是在觉察情绪后，调整表达情绪的方式，通过一定的策略和机制，使情绪在生理活动、主观体验、表情行为等方面发生一定的变化，使人学会在适当的情境中以适当的方式表达适当的情绪。

2. 情绪 ABC 理论

情绪 ABC 理论是由美国心理学家埃利斯创建的，他认为激发事件 A 只是引发情绪和行为后果 C 的间接原因，而引起 C 的直接原因是个体对激发事件 A 的认知和评价而产生的信念 B。也就是说，人的消极情绪和行为障碍结果 C 不是由某一激发事件 A 直接引发的，而是由经受这一事件的个体对它不正确的认识和评价所产生的错误信念 B 直接引起的，这种错误信念也被称为非理性信念。

3. 积极情绪"拓展—建构"理论

北卡罗来纳大学教授弗雷德里克森提出的积极情绪"拓展—建构"理论认为，积极情绪有利于拓展思维水平、提高行动效率、提升幸福感，并总结了 10 种积极情绪。

积极情绪和消极情绪都有着重要的功能，洛萨达提出，当它们的最佳配比比率高于 3∶1 时，积极情绪达到较高水平。

（七）团体领导者条件

熟悉团体心理辅导的基本理论，具有一定带领团体的经验。

（八）活动材料

纸、笔、垃圾桶

（九）团体心理辅导方案

1. 热身活动：情绪疯狂复印机（10分钟）

活动目的：

体验表达情绪的过程和感受，理解情绪的感染性，树立合理表达情绪的观念。

具体操作：

（1）领导者引入

邀请全体成员站成一个圈，面向圈内。教师参与其中。

领导者：我们每个人都是一台复印机，可以把前一名成员传递的情绪传达给下一位成员。但由于最近电脑病毒肆虐，我们这些复印机都出了毛病，变成了"情绪疯狂复印机"。我们会把前一名成员的情绪明显放大后，再传给下一位成员。现在，让我们看看当信息在全班传递一圈后会出现什么情况。记住，我们是疯狂的复印机！

（2）活动实施

进行第一轮游戏时，可以从领导者开始，从单一动作开始。例如：领导者微笑，下一名成员可能发出声地笑，再下一位成员可能大笑，再下一位成员可能大笑两声，再下一位成员可能仰天大笑，再下一位成员可能表演笑得直不起腰，再下一位成员可能表演笑得满地打滚……允许成员在传递过程中大胆发挥，如果有人表现出色，鼓掌给予鼓励。

游戏的规则可以越变越复杂，开始时可以选择微笑、惊讶、愤怒、跺脚等单一动作，在成员们熟悉游戏规则后，可以把题目变成一连串带有情绪色彩的动作。领导者也可以邀请任意同学作为出题者，做出第一个表情或动作，并传递给下一位成员。

有个别成员在一开始的时候放不开动作是很正常的。对于动作忸怩的同学，领导者可以要求其重来。为了避免该成员尴尬、压力过大，领导者可以使用幽默的语言："啊，看来这台复印机没有感染上病毒，一点都不疯狂呀！让我们一起朝他释放病毒程序吧。"带领全体成员做抖手状，然后要求该成员再尝试一次。

此外，领导者的参与程度会显著影响成员的开放程度。因此，领导者一定要首先释放自己，带动整个活动的氛围。

（3）分享与讨论

小组内轮流分享并派代表汇报：使用夸张的表情和动作表达情绪时，你有什么感受？和平时的感觉有什么不同？

邀请成员评选出"最具创意复印机"，鼓掌给予奖励。

（4）创新建议

如果希望训练成员对情绪的个性化表达，可以把活动改编成：这次，所有复印机都感染了另一种奇特的病毒，变得有气无力，每次收到情绪信息都会明显变小，再传递到下一台复印机上。向成员强调，采取比前一位成员更小的动作幅度，但要明确表达出含义相同的情绪。这样，游戏对成员的挑战就更大了。可以借此跟成员讨论情感表达的含糊性和内隐性问题。

2. 主题活动（30分钟）

（1）活动1：情绪垃圾桶（15分钟）

活动目的：

了解他人的情绪和烦恼，学会宣泄、表达负性情绪的方法，掌握调试负性情绪的有效策略。

具体操作：

领导者将成员分成几组并准备数量与组数相同的垃圾桶，组内成员把最近发生的引发自己体验到消极情绪的一件事写下来，写完后把纸揉成一团并扔进垃圾桶。大家分别从自己组的垃圾桶中抓取一个纸团，查看纸上的内容（如果抓到自己写的纸团，需重新抓），并思考如果自己遇到同样的事会怎样？我会如何帮助这位同学表达或调节情绪？

小组活动：轮流由1名成员读出自己抽到纸团上所写的引发消极情绪的生活事件，并说出自己想到的应对之法（可以是认知调整、行为训练、问题解决等策略方法），小组其他成员补充。

（2）活动2：积极情绪清单（15分钟）

活动目的：

认识10种积极情绪，感受生活中的小美好，体验和构建积极情绪。

具体操作：

①认识 10 种积极情绪。积极情绪的 10 种类型及内涵分两列打乱呈现。小组共读 10 种积极情绪的内涵，并将相应的积极情绪与内涵进行一对一配对连线。

请配对连线积极情绪的 10 种类型及内涵	
类型	内涵
爱	因意愿的满足或意外的收获而产生积极的体验
敬佩	因他人的好意或帮助而对其产生的回报意愿
受激励	无压迫感的情况下专注而平和的状态
逗趣	力求认识某种事物或从事某项活动的心理倾向
自豪	一种积极的动力和期待
希望	为自己或与自己有关的集体、他人所取得的成就、荣誉而感到光荣、骄傲
兴趣	好笑的、滑稽的感受
宁静	因看到别人的良好行为而激发你设立新的目标，让你产生做到最好的冲动
感激	敬重、佩服
喜悦	不是一种独立的情绪，而是所有情绪的组合，如果某一对象引发了你更多的上述情绪，你就会趋向于它

②小组内轮流详细说一说自己最近经历的三件好事和当时的积极情绪，现在的想法。并派代表在全班分享小组的积极情绪清单。

接下来，每个人每天自行在笔记本上列出自己的"积极情绪清单"，至少写下三件好事和当时的积极情绪及想法。

我的积极情绪清单			
日期	好事	积极情绪	想法或收获
	好事 1		
	好事 2		
	好事 3		
	好事 1		
	好事 2		
	好事 3		

3. 总结（5分钟）

学生围成 1 个大圆圈，顺时针方向轮流用几句话或几个关键词说出自己的感受和收获。

（作者：张文霞）

四、"感恩之心"主题团体心理辅导

（一）团体性质

结构式、封闭式团体

（二）团体活动目标

引发感恩的情怀，学会表达感恩；提升感恩能力。

（三）团体成员及规模

小学高年级成员，30～40 人。

（四）团体活动时间

45 分钟

（五）团体活动地点

团体心理辅导室，班级教室（桌子和椅子等可以移动的空间）。

（六）理论依据

1. 感恩的理论

感恩是人类重要的个性品质和积极的内在力量，不仅对个体的心理健康有积极作用，对构建人与人、人与社会之间的良好关系同样有着积极的促进作用。

（1）感恩能促进个体的身心健康

感恩的人能经常体会到被关怀、被爱和被重视等积极感受，感恩有利于促进个体的身心健康，并提高个体的生活满意度以及主观幸福感。临床研究表明，忽视感恩，或者不会感恩往往会被看成一种心理病症的表现，个体常常体验不到积极情绪。

（2）感恩是个体高尚品质的体现

一位心理学家的 2002 年研究报告显示，在 800 多个描绘人类特质的词语中，感恩是最为人尊重和喜爱的品质之一，仅次于真诚、有爱心以及值得信任，而不懂感恩被认为是最让人讨厌的特质之一。

（3）感恩可以促进社会美德的发展

感恩不仅可以拓展个体解决问题的资源，促进个体更灵活地应对逆境，还能够成为促进社会更积极发展的一种最根本、最重要的力量，是其他美德产生的根基。联合国将 2000 年定为感恩年。

（4）感恩是一种积极的人生态度和生活哲学

感恩是一种生活态度，对于提高个体的生活质量，促进个体与他人以及个体和社会的联结有一定的积极作用。当个体懂得感恩，愿意表达自己的感恩时，个体能感受到更多的生命丰富感，感受到的是一种与他人之间的联结，这有利于个体在人际关系网络中找到安全的位置，提高生活满意度，减少缺失感。

（5）感恩是中国文化所倡导的重要美德

对中国人而言，为人最基本的就是要做到知恩、感恩、报恩。记住一个人的恩情是至关重要的，即"滴水之恩，当涌泉相报"，"知恩不报非君子"，"忘恩负义之人"遭唾弃，"恩将仇报之徒"被痛恨。建设和谐社会更需要倡导感恩的美德，优化人与人之间的关系。

2. 团体动力学理论

团体动力学理论认为有组织关系的群体总是处于不断相互作用和相互适应的过程之中。在群体活动中，个体的心理与行为会受到他人的影响而发生改变，要改变一个个体最好从改变他所生活的群体入手，因为任何个体都有一种群体归属感，都不愿意被他所属的群体厌弃。群体也是一个动态组织，从一个阶段发展到另一个阶段，其发展的走向直接与全体成员的素质密切相关。

（七）团体领导者条件

熟悉团体心理辅导的基本理论，具有一定带领团体的经验。

（八）活动材料

《我所了解的父母》表格打印版、纸和笔

（九）团体心理辅导方案

1. 热身活动：略（10 分钟）

2. 主题活动（30 分钟）

（1）活动：我心中的父母

活动目的：

帮助团体成员重新整理并加深对父母的了解，认识到父母为自己的成长付出了心血和关爱，学会用感恩的心对待父母。

活动道具：

《我所了解的父母》表格打印版、笔。

活动操作：

成员按照小组坐好，领导者给每位成员发一张预先打印好的《我所了解的父母》表格。成员填写完毕后，以小组为单位，每位成员依次分享自己对父母的了解。要求成员认真填写，不知道的内容可以空着，但是不能随意填写。交流之后，请成员思考：

对于父母，我了解多少？父母有哪些信息我是了解的？这些信息我是怎么知道的？哪些信息是我所不知道的？

如果我对父母非常了解，我会有什么感受？如果我对父母不太了解，我又会有什么感受？

我所了解的父母

爸爸生日＿＿＿＿＿＿　　　　　　妈妈生日＿＿＿＿＿＿

爸爸最喜欢吃的食品＿＿＿＿＿　　妈妈最喜欢吃的食品＿＿＿＿＿

爸爸所穿鞋子的尺码＿＿＿＿＿　　妈妈所穿鞋子的尺码＿＿＿＿＿

爸爸的兴趣爱好＿＿＿＿＿＿　　　妈妈的兴趣爱好＿＿＿＿＿＿

爸爸年轻时的理想＿＿＿＿＿　　　妈妈年轻时的理想＿＿＿＿＿

爸爸最得意的一件事＿＿＿＿＿　　妈妈最得意的一件事＿＿＿＿＿

爸爸最后悔的一件事＿＿＿＿＿　　妈妈最后悔的一件事＿＿＿＿＿

爸爸最大的优点_____　　　　　妈妈最大的优点_____

爸爸对我的期望_____　　　　　妈妈对我的期望_____

（2）话题大讨论

活动目的：

讨论报答父母养育之恩的方式，引导团体成员学会从现在开始，从点点滴滴做起，将自己对父母的爱付诸到实际行动当中，回报亲情。

活动操作：

假如你是一位收入不高的父亲，每天在外辛苦赚钱，省吃俭用，可自己的孩子在学校里虚荣爱面子，跟同学比吃比穿、肆意挥霍，此刻的你会有什么感觉呢？

假如你是一位勤劳的母亲，为了让孩子有更充足的时间学习，你承担了家里所有的家务，可孩子居然视之为理所应当，作为中学生，连碗都不会洗；当你被家务累弯了腰的时候，他却跷着腿坐在旁边悠闲自得地看电视，一副视若无睹的样子。此刻的你会有什么感觉呢？

成员讨论：

你认为世界上最伟大、最无私的爱是谁给予我们的？

请反省一下自己，面对父母的关爱，你曾有过感恩的心吗？

你曾考虑过如何去理解父母、关爱父母吗？

3. 爱心作业（5分钟）

爱心作业：给父母写一张贺卡、送上一句温馨的祝福；给父母讲一个有趣的故事；为父母揉揉肩、捶捶背、洗洗脚；为家里做几件家务——打扫卫生、叠被子、洗碗、洗衣物等。

（作者：张文霞）

第三章

中小学生个别心理
辅导的流程与技术

第一节
中小学生个别心理辅导的一般流程

一、倾听主诉

因中小学生的生理及心理年龄并未成熟，在心理辅导的过程中可能无法准确地描述其所面临的问题或困惑，所以咨询师应更多地运用积极倾听技能。

被动倾听是在不保留来访者信息的情况下做出倾听的行为。与被动倾听不同，积极倾听是指完全专注于来访者，听懂他们要表达的信息，理解其含义并深思熟虑地做出回应的能力。积极倾听是一项非常重要的人际沟通技能，可以确保咨询师能够参与到对话中，在来访者无须重复所述内容的情况下，回忆出对话内容中的特定细节。

咨询师可以使用语言和非语言技巧来展示和保持他们的注意力在来访者身上。这不仅有助于咨询师集中注意力，也有助于确保来访者能够看到咨询师的专注和投入。一位优秀的咨询师不会在来访者说完后思考和心理排练自己可能会说什么，而是会仔细考虑来访者的话，并将信息记在大脑中。

积极倾听技能包括如下几个方面：（1）语意重述；（2）使用开放式问题；（3）询问具体的问题；（4）使用简短的言语肯定；（5）展现共情；（6）分享相似的经历；（7）回顾以往分享过的信息；（8）点头；（9）微笑；（10）避免有干扰动作；（11）保持眼神接触。

（一）语意重述（澄清来访者的意思）

总结澄清来访者的意思及所分享信息的要点，以表明完全理解其含义。这使来访者有机会澄清模糊的信息或扩展自己的信息。

（二）使用开放式问题

咨询师提出一些问题，表明已经收集了来访者所分享内容的精华，并引导他们分享更多信息。应确保这些问题不能用简单的"是"或"否"来回答。

（三）询问具体的问题

提出直接的问题，引导对方提供更多关于他们分享的信息的细节，或者更加聚焦于一个主题。

（四）使用简短的言语肯定

使用简短、积极的陈述会让来访者感觉更舒服，同时表明自己很投入，能够处理来访者提供的信息。简短的言语可以帮助咨询师使对话继续下去，且不会打断来访者。

（五）展现共情

咨询师要确保来访者知道自己能够识别他们的情绪并理解他们的感受。通过表现出共情，咨询师能够与来访者建立联系，并开始建立相互之间的信任感。

（六）分享相似的经历

分享相似的经历不仅可以向来访者表明咨询师已经成功地理解了他们的信息，还可以帮助建立关系。咨询师当初对问题的解决方法可以供来访者参考。

（七）回顾以往分享过的信息

咨询师要试着记住来访者过去与自己分享的关键概念、想法或其他关键点。这表明咨询师不仅在聆听他们目前所说的话，而且能够记住以往的信息并回忆起具体细节。

（八）点头

咨询师向来访者简单点头表示自己理解他们在说什么。点头是一种有用的、支持性的暗示，并不一定表示咨询师同意来访者的观点，只是表示他能够理解他们传达的信息的含义。

（九）微笑

就像点头一样，一个小小的微笑可以鼓励来访者继续发言。然而，与点头不同的是，微笑传达的是咨询师认可他们的信息，或者对他们所说的内容感到高兴。微笑可以代替简短的言语肯定，有助于缓解紧张情绪，确保来访者感到舒适。

（十）避免有干扰动作

避免随意的动作或声音，比如看手表或手机、涂鸦、叹息或敲击笔的声音等。咨询师还应该避免与其他听者进行言语或非言语交流，因为这会让来访者感到沮丧和不舒服。

（十一）保持眼神接触

如果可能，咨询师的眼睛要看着对方，避免看房间里的其他人或物体。咨询师要确保自己的目光保持自然，用点头和微笑来确保自己在鼓励他们，而不是让来访者感到害怕或不安。

二、概念化

在咨询的过程中，在积极倾听的同时，咨询师应在脑海里问自己如下几个问题：

这个来访者为什么会来这里？

他现在有什么问题？这些问题是如何发展的，又是如何维持的？

现在来访者的生活中发生了什么，他的看法是什么？

来访者是否对某些诱发事件做出了不利的解释？

来访者的自动思维是什么？

来访者的假设、期望、规则和态度（中间信念）是什么？

来访者对自己、世界和他人最基本的信念（核心信念）是什么？

来访者的思维和行为如何有助于维持问题？

是否存在导致负面核心信念发展的重要早期事件？

哪些生活事件（创伤、经历、互动）使他变成现在这样？

哪些功能失调的思维和信念与这些问题有关？什么反应（情绪、生理和行为）与他的思维有关？

来访者不断发展的信念是如何与生活环境相互作用，使其容易受到心理问题的影响的？

来访者已使用了哪些策略来应对这些消极信念？

通过对上述问题的回答，咨询师可以做出个案概念化。

三、磋商目标

在咨询的过程中，咨询师和来访者合作制定目标清单。制定目标之前应确保问题识别成功。目标应具体化，不应太泛泛。如在咨询过程中发现 A 同学被数学成绩困扰，咨询师和来访者可以协商，制定目标（如目标为提高数学成绩），然后双方可以一同设计实施方案。

四、设计方案

制定目标后，具体如何实施也同样需要咨询师与来访者协商，从而达成一个可行的方案。如目标是提升 A 同学的数学成绩，方案可能是从现在开始，每天做 2 道数学应用题。如目标是提升 B 同学的人际交往能力，方案可能是在团队辅导活动中，B 同学主动去与其他同学打招呼，打招呼的时候使用的话语也需提前练习一下。

方案设计不仅是设计来访者即将实践的方案，还要按照来访者的需求协商咨询方案，如咨询的频率、时长、内容及双方的期望等。

五、实施方案

在实施方案的过程中，可以根据具体情况随时调整方案，从而更好地为来访者达成目标而服务。

六、总结

当来访者接近其咨询目标时，咨询师可以和来访者讨论终止咨询和复发预防等事宜。

当双方认定目标已经实现，且无须额外咨询时，咨询师应对来访者解释：将来如果有需要，可再次开展咨询。

咨询全部结束后，咨询师应做好个案的整理工作。

（作者：韩雪）

第二节
中小学生个别心理辅导中的常用技术

一、认知行为疗法

认知行为疗法（Cognitive Behavioral Therapy，CBT）由宾夕法尼亚大学的精神病医生贝克创立。在认知行为疗法中，认知、情绪、行为之间的关系是相互影响的。如学生情绪出现问题，咨询师可以尝试通过改变学生的认知或者行为来改变其情绪。

（一）改变认知

认知行为疗法最先处理的是自动思维。自动思维就是在遇到事件时，脑海中自动出现的想法，这些想法可能并不会被个体感知。而负面的自动思维会引发负面的情绪，从而引发负面的行为。在咨询过程中，咨询师应帮助来访者识别并改变其负面的自动思维。识别与改变负面自动思维的方法有几十种，在此简单地介绍两种：建构替代性解释和看优缺点。

案例：在校园里，来访者被另外一位同学撞到了，但并没有受伤。来访者特别生气，因此与该同学打了起来。

咨询师需要找出来访者被撞时脑海里的想法，要让他明白：不是被撞让他生气的，而是他对于被撞这个事件的看法让他生了气。这个看法可能是，他认为对方是成心的，就是想欺负他，所以他生气了。咨询师可以帮助来访者去发现有没有其他的可能性，如：对方是因为没看清，不小心撞到的；对方因为受伤了，慌张地跑去医务室，所以才撞到来访者……这个方法就是建构替代性解释。

咨询师还可以帮助来访者思考处理这件事的不同方法的优缺点，如：来访者与撞人者打架了，双方的家长都会被请到学校；如果有人被打伤，还要去医院，家长要花很多钱，可能还会训斥他们。但如果换一种处理方式是不是会有不同？如：被撞后，来访者去找老师，让老师去批评那名乱跑的同学。这样的处理方式是不是同样可以让自己消气？这个方法就是看优缺点。

（二）改变行为

如何让问题行为消退是很多家长、教育工作者，以及心理工作者等一直以来关注的焦点。认知行为疗法中关于改变行为的方法也有很多，在此要介绍的方法是低率行为差别强化法。

有些行为的发生频率太高使其变成问题行为，如上课举手寻求帮助本身并不是问题行为，但如果发生的次数过多，影响了上课进程，那么这个行为就成了问题行为。相反，如写作业这个行为本身是理想的行为，但如果发生的次数太少，或写得太慢，就变成了问题行为。

低率行为差别强化中的强化是操作条件反射中的一种让理想行为发生频率提高的方法，使用的强化物可以是各种奖励（如口头鼓励、奖品、奖金、非语言的肯定等）。

首先，咨询师要确认维持问题行为的强化是什么，这里可以使用"问题行为的功能性行为评估"，也就是要知道问题行为发生的时间、地点、恶劣程度，问题行为发生前、后发生的事情，是什么引发的问题行为，又是什么强化着问题行为，这个问题行为对该个体有什么作用。

其次，在知道问题行为的功能后，咨询师需要选择差别强化中所用的强化物，并在开始实施强化之前就选择好，这个强化物可以是维持问题行为的强化物，或者是任意选择的强化物，但必须比维持问题行为的强化物更有吸引力。

最后，咨询师需要帮助来访者建立有效的干预方案。

案例：某个学生过度寻求数学老师的帮助，致使数学老师无法进行正常的课堂教学，此时，咨询师可以教会数学教师使用低率行为差别强化法。

具体步骤如下：

教师记录一下学生寻求帮助的次数。

教师设定一个不可接受的频率，如，每节课 8 次。

教师设定一个可以接受的频率，如，每节课 4 次。

下课时，如果该学生寻求帮助的行为小于或等于 4 次，教师给予其奖励（强化物），如未达到要求则不给予奖励。如设置的可接受频率过低，学生无法达到要求，可以适当提高可接受频率，在该学生求助的频率降低后，教师可以再次降低可接受的频率，然后重复此步骤，直到该学生的求助行为维持在最终可接受的频率范围内。

在这个干预方案实施之前，数学教师要告知这名学生具体的实施步骤。

二、聚焦于问题解决的短程疗法

Solution-Focused Brief Therapy（SFBT）国内翻译为焦点解决短期治疗，其更准确的翻译应为聚焦解决短程疗法，因该疗法在帮助来访者时，主要聚焦于问题的解决方案而非问题本身。

SFBT 不关注问题本身，而关注于问题不在时或问题已经被解决时。在咨询过程中，SFBT 强调训练、注重实践、期望未来，以及对来访者已有技能和资源的利用。

SFBT 认为所有来访者都会对某事有动机，而且每个来访者都有独特的合作方法，这些是需要咨询师去发现的。SFBT 同时认为，尝试理解问题的原因不一定对解决问题有用，而成功的关键在于知道来访者对咨询的期望，咨询师帮助来访者做那些已经被证实有效的事，有时只需要一个小改变就可以解决问题。

（一）SFBT 咨询的基本步骤

1. 描述问题与收集资料

这一阶段，来访者描述自己想要解决的问题。咨询师提出后续问题，对来访者的问题有更为详细的了解，以便做出专业的预估。

2. 预估问题

一旦问题被描述，咨询师将会对来访者问题的本质及严重程度做出判断。咨询师运用已有的专业知识基础——问题分类、理论、研究发现，及实务智慧来预估问题。

3. 制订计划

咨询师与来访者一同制订目标，并设计一整套介入策略，旨在消除或减轻问题的负面影响。同样，咨询师依据自己的专业知识，参与计划的制订。

4. 实施阶段

实施解决问题的行动（或策略），以便减轻来访者的困扰。

5. 评估与跟进

在解决问题的过程中，来访者和咨询师将会一起监督行动结果。在监督中所获得的信息，会被用来评估行动策略是否成功。一旦来访者和咨询师认为困扰被解决了，介入过程便终止，对来访者的服务随即结束。通常，咨询师和来访者会商议好跟进协议，以确保困扰不会重现。

（二）SFBT 技术

1. 奇迹式问句

奇迹式问句是创造治疗目标的途径之一。将奇迹问句看作一项实际发生的奇迹（或是作为一次情绪体验），可以让来访者为"例外"做准备，这是创造一个渐进式故事的一部分。

例如："假如有一天晚上，你已经睡着了，奇迹发生，你的问题解决了，你是怎么知道的？有什么将从此不同？如果你不跟父母说这件事的话，他们将如何知道发生过奇迹？"

2. 评量问句

咨询师使用评量问句来量化来访者的状态。

例如："从 0 到 10，0 代表你决定寻求帮助的时候，10 代表奇迹发生之后的那天，你觉得现在你处在哪个等级？"

3. 赞美

咨询师可以将在与来访者沟通中所察觉到的事实作为基础对来访者表达赞美。赞美可以增强来访者的信心。

例如：听起来，你已经很努力地写作业了。

4. 正常化

正常化的含义是不给来访者贴标签。咨询师应去病理化，而非为来访者做出心理诊断，因为诊断可能会增加来访者的心理负担。

5. 应对问句

咨询师使用应对问句来引导来访者做出行为上的改变或坚持。

例如：你今天早上是如何让自己起床的？

6. 例外

咨询师应引导来访者去回忆或想象例外发生时的样子、那时与问题存在时有什么不同，以此帮助来访者做出改变。

例如：在过去的几周里，是否有时问题已经不存在了，或者，至少情况没有那么严重？

7. 反馈

根据来访者所述，咨询师应给予来访者相应的反馈。反馈的架构往往是以赞美开始的，然后给予建议或任务。

例如：我同意你说的，也了解了你恐慌时的感觉，做出改变对你来说是一件重要事情。对你或你的家人来说，如果你下半辈子都带着这种情绪生活确实不好。因此，我建议……

（三）SFBT 咨询案例

咨询师：小明，对于这次咨询，你最大的希望是什么？

来访者：我不知道，确切地说，我没怎么想过。

咨询师：那现在想想，对于这次咨询，你最希望的是什么？

来访者：我其实也没有什么希望。

咨询师：那么，如果这次咨询有用，你希望有什么变化？

来访者：我不觉得会有用，这样的咨询都是没有用的。

咨询师：所以咨询不是你认为的好主意。

来访者：也不是。

咨询师：那你为什么来呢？

来访者：我没有其他选择了，我被告知要来。

咨询师：那挺难的。我觉得你是一个意志力挺坚强的人，而且喜欢自己做决定，对吗？

来访者：有时吧。

咨询师：你为什么决定配合来这里呢？

来访者：就像我说的那样，我没有选择。

咨询师：我无法想象你总是依照他人的要求而行事。

来访者：我不是。

咨询师：那这次你为什么听话，来了呢？

来访者：因为不来会被退学。

咨询师：好，所以，至少现在，如果可能，你需要找到一个可以留在学校的方法，对吗？

来访者：是的。

咨询师：那么，如果这次的咨询有些用处，能帮助你留在学校，也对学校有帮助的话，那是不是这次咨询就有用呢？

来访者：我想是的。

咨询师：好，那我能问一些问题吗？

来访者：可以。

……

三、叙事疗法

怀特和爱普斯顿创立了叙事疗法。叙事疗法是一种将一个人与他们的问题分开的治疗方法。它鼓励人们依靠自己的技能来最大限度地减少生活中存在的问题。

在整个人生中，个人经历变成了个人故事。人们赋予这些故事意义，这些故事有助于塑造一个人的身份。叙事疗法利用这些故事的力量来帮助人们发现自己的人生目标。这通常是通过在他们自己的故事中赋予那个人"叙述者"的角色来完成的。

叙事疗法并不寻求在治疗中改变人。相反，它旨在改变问题的影响。它的目标是在个体和他们的问题之间留出空间。这使得我们有可能看到某种担忧是如何为一个人服务，而不是伤害他们的。例如，创伤后的应激可能是一种防御机制，它可能有助于保护某人免受与事件相关的困难情绪的影响，但它也带来了新的症状，比如焦虑。叙事疗法帮助人们将问题外化。这个过程可以帮助人们培养更多的自我同情，自我同情可以帮助人们感觉更有能力改变。

叙事疗法挑战了那些阻碍人们过上更好生活的主要问题故事。通过叙事疗法，人们可以识别另类故事，拓宽个体的自我观，挑战旧的和不健康的信仰，并向反映更准确、更健康的故事的新生活方式敞开心扉。

（一）叙事疗法技术

1. 整合叙述

让来访者表达想法、探索他们生活中的事件，并且讲述他们对这些经历的看法，把他们的生活故事放在一起，也可以让人们观察自己。

2. 外化问题

咨询师帮助来访者外化他们的问题，有助于在来访者和他们的问题之间拉开距离，这被称为外化。这种距离可以让人们更好地专注于改变不满意的行为。

例如，来访者可能会将焦虑命名为"小乔"，并向他们的咨询师解释当"小乔"在身边时他们的感受以及他们是如何应对的。

3. 解构

当一个有问题的故事让来访者感觉已经存在很长时间时，来访者可能会使用笼统的说法，并在自己的故事中感到困惑。咨询师会与来访者合作，将他们的故事分解成更小的部分，澄清问题，使其更容易被解决。

4. 独特的结果

当一个故事让来访者感觉永远不会变的时候，来访者会无法产生任何替代性故事的想法。他们可能会陷在自己的故事中，并让它影响自己生活的多个领域。咨询师不仅会帮助来访者挑战他们的问题，而且会帮助他们拓宽视野，考虑替代故事。

（二）叙事疗法的原则

1. 尊重

参与叙事疗法的人会受到尊重，并因勇敢地站出来应对个人挑战而得到支持。

2. 不责怪

在来访者讲述自己的故事时，咨询师不会责怪他们，还会鼓励他们不要责怪他人，并且把重点放在识别和改变那些关于自己和他人的不必要的、无益的故事上。

3. 来访者是专家

咨询师不被视为提供建议的权威，而是帮助来访者成长和解决问题的合作伙伴。叙事疗法认为，来访者很了解自己，探索这些信息有助于他们的改变。

四、游戏疗法

迪米克和赫夫建议，如果儿童与咨询师之间需要交流的话，那么在儿童熟练掌握语言并能用语言进行完整的自我表达以前，应该先让他们用游戏来进行交流。针对中小学生使用游戏疗法的目的就是帮助孩子们从学校提供的课程中汲取营养。

游戏疗法是在游戏媒介中进行的真正的治疗，通常针对 3～11 岁有社交、情绪或行为困难的儿童。

游戏疗法是在一间舒适的游戏室里进行的，那里很少强加给孩子们规则，让孩子们自由自发地表达自己的感受。受过儿童心理学教育的咨询师通常有一系列玩具，孩子们可以用它们来表达自己的感受。此外，咨询师可能会问孩子们关于他们所使用的玩具的问题，这些问题会暴露出孩子们身上隐藏的问题。

咨询师特别关注孩子对游戏对象的选择、孩子参与的游戏类型以及游戏风格等。此外，咨询师和孩子之间建立了一种具有治疗价值的信任关系。通过游戏疗法，孩子们学会以适当的方式表达自己的想法和感受，了解他人的感受，学会控制自己行为的方法，并学会如何解决遇到的问题。

（一）游戏疗法技术

1. 玩具或物体游戏

需使用球、玩偶、电话、魔杖、积木、医疗玩具、水或沙子等。

2. 创意艺术

包含黏土、绘画、涂画、舞蹈/动作、音乐等。

3. 讲故事或隐喻

需使用外化游戏（创造一个代表孩子问题的故事或角色）或阅读疗法（涉及阅读或其他形式文学的讨论）。

4. 角色扮演

需使用服装、面具、超级英雄模型或木偶等。

5. 想象和幻想

需进行引导想象（可视化正面的、和平的环境）或开展玩具屋游戏等。

6. 游戏

包含沟通、自我控制、合作、策略或机会等游戏。

（二）操作案例

1. 情感文字游戏

咨询师会让孩子写下他们这个年龄段的人可能有的情感名称。在孩子写好或画好后，咨询师可能会讲述一个关于自己的故事，其中包括许多积极和消极的感受，并要求孩子在每种感受上放置扑克筹码，以展示故事中表达的不同感受，以及每种感受的不同程度。咨询师可以使用一个关于孩子的非威胁性故事来重复这个练习。然后，孩子会讲述下一个故事，让咨询师放上扑克筹码。重复此过程，直到讨论孩子出现的问题为止。

2. 木偶（角色扮演）

如果孩子受到惊吓，咨询师可以给孩子看一个木偶，告诉孩子木偶受到了惊吓，并请孩子保证它的安全、帮助安慰木偶。在整个治疗过程中，木偶可能成为孩子的安全对象。咨询师通过向木偶提问，由孩子代替木偶做出回应，这可能减少对孩子的感受产生的威胁。

五、家庭系统疗法

家庭系统疗法是由精神病学家鲍恩在 20 世纪 50 年代创立的。家庭系统疗法是一种心理治疗形式，帮助个人在家庭的背景下解决问题。许多问题可能是从家庭开始的。每个家庭成员都与其他人一起工作，以更好地了解他们团队的动态，以及他们的个人行为如何影响彼此和整个家庭。家庭系统疗法最重要的前提之一是，发生在一个家庭成员身上的事情会发生在家庭中的每个人身上。

（一）家庭系统疗法技术

根据不同家庭的需要，可以使用不同类型的家庭系统疗法技术。

1. 夫妻治疗

当一对夫妻出现问题时，会影响整个家庭。夫妻治疗可以用来帮助处于不良关系中的人解决冲突和改善沟通。

2. 代际家庭治疗

这项技术侧重于了解代际影响是如何影响个人行为和家庭单元的运作的。它帮助家庭了解从前几代人那里获得的模式是如何影响家庭的，并学习新的互动方式。

3. 叙事疗法

这是一种人们拓展自己生活故事的方法，帮助人们更好地理解自己的经历、行为和角色。

4. 心理教育

心理教育包括向家庭成员传授心理健康和治疗的知识。当某个家庭成员正在处理心理健康问题时，通过教育该家庭成员，可使个体的支持系统更有效、更具同理心地回应他的需求。

5. 结构性家庭治疗

结构性家庭治疗专注于帮助人们识别和理解家庭的结构。目标是帮助人们根据需要改进家庭组织，并学习如何更有效地相互沟通。

6. 策略性家庭治疗

这项技术侧重于确定解决特定问题的干预措施。每一个问题都需要一种新颖的方法，专门用于解决家庭面临的独特问题。

（二）家庭系统疗法的优势

家庭系统疗法通过改善行为、情绪和心理功能，可以解决各种影响个人和家庭的症状或困难。它有如下关键优势：

1. 改善家庭功能

家庭系统疗法可以改善家庭的功能，使家庭成员受益。首先，它有助于治疗不同类型的心理健康问题，改善家庭支持系统，使家庭成员获得他们未来所需的同理心和支持。

2. 巩固家庭关系

家庭系统疗法能促进家庭的开放性、同理心和诚实进一步发展，巩固家庭关系和改善沟通，解决当前的问题并预防未来的问题。

3. 凝聚家庭成员

家庭系统疗法将家庭视为一个团队，在治疗过程中，每个人都会以个体和合作的方式思考能让团队变得更强大、更健康的解决方案，有助于稳定家庭成员之间的关系。

4. 提升家庭幸福感

家庭系统疗法可以帮助识别沟通问题、权力失衡和功能失调模式，这些问题和模式会影响每个家庭成员的幸福感以及整个家庭单元的功能。

5. 性价比高

系统的家庭治疗是一种性价比较高的治疗方法。之前的一项研究将婚姻和家庭治疗师提供的服务与个人治疗进行了比较，发现家庭治疗服务是性价比最高的选择。

（作者：韩雪）

第三节
中小学生个别心理辅导中的咨访关系建设

一、建设良好咨访关系的意义

咨访关系是当代心理咨询理论与实践的重要主题。在心理辅导过程中，咨询师会倾听来访者讲述的故事，并且努力从来访者的角度发现问题和困境，对他的讲话内容极为尊重和保密。对于大部分曾经接受过心理咨询的来访者来说，体验到被咨询师深度关注，而且这种真诚的、无条件的积极关注持续整整一小时，其间获得的自我袒露脆弱、进行自我探索的体验，与咨询师之间的互动关系都是独一无二的。来访者可能会想："我能真正信任心理咨询师吗？""心理咨询师对我所说的这些事真的感兴趣吗？""我怎么能得到了这么多而不付出任何回报呢？"

瓦赫霍尔茨和斯图尔通过对 50 名来访者的访谈发现，在结束心理咨询 12 年之后，来访者仍然对他们与心理咨询师的关系有着生动的记忆。许多研究都反映了心理咨询师与来访者之间关系的重要性。研究要求来访者描述心理咨询过程中什么对他们有用、什么没用，结果表明：来访者认为心理咨询中的相互关系比心理咨询技术更为重要，他们与咨询师之间的相互关系在心理咨询过程中起了决定性作用。

可见，良好的咨访关系是心理中心有效性的前提条件和基础，既能够弱化来访者的防御，又是促进来访者发生改变的催化剂。

二、影响咨访关系的因素

(一) 来访者因素

来访者因素对咨访关系的建立、咨访关系的水平高低有重要的影响。来访者的认知动机性因素影响了咨访关系的建立以及咨访关系水平的高低。例如，在精神分析治疗中，治疗动机可以预测咨访关系的水平。许多研究认为，改变的必要条件是来访者体验焦虑和困难的意愿。

咨访关系与来访者愿意承担的责任有关。咨询期望量表测量结果显示，个人责任与咨询效果和咨访关系高度相关。这意味着在治疗中积极主动的来访者比完全依赖咨询师的来访者更容易与咨询师建立牢固的咨访关系。

咨访关系的建立以及咨访关系水平的高低还与来访者人际关系的好坏有关。

(二) 咨询师的因素

咨询师是影响咨访关系的决定性因素。在咨访关系中起主导作用的是咨询师，在咨询的全过程中，咨询师要根据人际交往的原理，运用有助于形成良好咨访关系的态度和技巧，建立、发展并维护良好的咨访关系。

一般来说，咨询师的专业水平、值得信赖感、吸引力以及咨询师与来访者组合的融洽与咨访关系有中等程度的正相关。

三、如何建立良好的咨访关系

良好咨访关系的确立取决于咨询师和来访者两方面的因素：一方面，来访者的动机、意愿、对心理学的信任使建立咨访关系成为可能；另一方面，咨询师的责任心、工作能力、知识储备、性格特点是建立良好咨访关系的关键。咨询师在建立积极的咨访关系中担负着重要责任，这使建立良好的咨访关系变得有章可循。

（一）咨询师应具备良好的咨询态度

在咨询初期，来访者往往比较紧张，咨询师对来访者的态度将直接影响到来访者对咨询师是否信任。热情友好的态度给人以亲切感，可有效拉近双方的距离，特别是当来访者经受心理困扰、走投无路、满怀希望而来时，咨询师热情友好的态度本身就是一种力量与安慰，能在很大程度上降低其焦虑水平。咨询师的基本态度包括：真诚、尊重、积极关注和共情。咨询师还应具备相应的咨询技能，如关注、倾听等。

（二）咨询师应注意初次会谈的技巧

初次会谈时，咨询师可以向来访者进行简明扼要的自我介绍，也可以用微笑伴随请坐的引导手势开始咨询。在简短的自我介绍后，可以允许有短暂的沉默，主要目的在于给来访者一段整理思绪的时间，使其能完整地表达自己想说的话。在初次会谈时，咨询师可以就咨询的性质、限度、角色、目标以及特殊关系等向来访者做出解释，使来访者明确咨询的时间、咨询的次数、咨询的保密性、咨询的正常期望等。在初次会谈中，咨询师尤其要澄清保密性原则，对所谈内容和来访者的隐私权给予保密承诺，对咨询过程中必要的记录进行说明，以消除来访者的戒备心理。

（三）咨询师应保持与来访者间的界线

创造和保持与来访者间的界线是建立良好咨访关系的有效方法之一。在心理咨询中，"界线"的概念显然是一种隐喻，因为心理咨询中不存在类似于路标的实际界线，这种界线可以是严格固定的，也可以是渗透性的。不同风格的心理咨询师对界线的规定也不同，有些人喜欢严格规定的界线，有些人喜欢更为灵活的具有渗透性的界线。

赫曼森在其研究中指出，个体有不同的界线需求和不同的界线"宽窄"。可见，具体咨访关系中的界线是因人而异的，不存在最为理想的界线，但是，界线过宽和过窄的咨访关系都是不健康的。

（四）咨询师应进行广泛的觉察

心理咨询师需要具备正确和敏锐的自我觉察能力。不论哪种咨询理论取向，产生咨询效果的主要因素都是人或咨询师本身。想成为一名合格的咨询师，就要以灵活且有回应的方式与来访者进行互动。在咨询情境中，咨询师的自我觉察包括以下几个方面：

1. 对来访者的觉察。

2. 对自身的觉察。

3. 对咨访关系的觉察。

（五）咨询师应深刻理解咨询过程

除进行觉察之外，咨询师还需要建立一个理解自己的所作所为的理论框架，使自己能够拥有一套稳定的、有意义的、有助于与来访者进行沟通的概念和观点。

（六）咨询师应注意积累实践经验

有三种类型的实践经验值得咨询师积累。第一种是与他人共享自己的个人经验和倾听他人的经验；第二种是与学习同伴一起练习咨询和助人技巧；第三种是扮演真正的咨询角色，服务带着问题前来寻求帮助的人。在学习咨询技术时，成为一名小型的同辈学习群体的成员是非常有必要的，这一群体应定期聚会，能营造出彼此信任和诚实的氛围，群体中的每位成员都能得到支持或接受挑战，都能在群体互动中学会给予和接受反馈。

（七）接受督导与自我成长

作为咨询师，需要在接受专业训练和开展助人实践的过程中不断寻求机会，进行自我反省，接受专业督导，促进自我成长。

（作者：李冬梅）

第四节
中小学生个别心理辅导的伦理及注意事项

一、心理辅导伦理

咨询伦理，也称心理咨询专业伦理，是指从事心理咨询工作时心理咨询师应遵循的指引和规范，是对咨询师的基本要求。在心理咨询中，伦理常被定义为咨询师的行事准则。

对内而言，咨询伦理主要用于规范心理咨询师的专业行为、提升心理咨询师的专业服务品质；对外而言，咨询伦理主要用于维护来访者（中小学生）的权益和提升公众（学生和家长）信任度。

在中小学生心理辅导工作中，学校里的心理健康教育教师既扮演着学科教师的角色，又需要具有咨询师的专业技能，在来访者进行求助时，以咨询师（下文也称心理师）的身份，与其建立咨访关系，将咨询伦理作为学生心理辅导工作的伦理准则，帮助来访者走出心理困境。

二、中小学生心理辅导中的伦理

（一）伦理总则

1. 善行：心理师的工作目的是使寻求专业服务者从其提供的专业服务中获益，心理师应保障寻求专业服务者的权利，努力使其得到适当的服务并避免伤害。

2. 责任：心理师在工作中应保持其服务的专业水准，认清自己专业的、伦理的及法律的责任，维护专业信誉，并承担相应的社会责任。

3. 诚信：心理师在工作中应做到诚实守信，在临床实践、研究及发表、教学工作及宣传推广中保持真实性。

4. 公正：心理师应公平、公正地对待自己的专业工作及相关人员，采取谨慎的态度防止自己潜在的偏见、能力局限、技术限制等导致的不适当行为。

5. 尊重：心理师应尊重每位寻求专业服务者，尊重个人的隐私权、保密性和自我决定的权利。

（二）伦理条文

2018 年发布的《中国心理学会临床与咨询心理学工作伦理守则（第二版）》，关于心理咨询的伦理条文主要包括以下方面：

1. 专业关系：心理师应尊重寻求专业服务者，按照专业的伦理规范与寻求专业服务者建立良好的专业工作关系，这种工作关系应以促进寻求专业服务者的成长和发展，从而增进其利益和福祉为目的（18 条）。

2. 知情同意：寻求专业服务者可以自由选择是否开始或维持一段专业关系，且有权充分了解关于专业工作的过程和心理师的专业资质及理论取向（5条）。

3. 隐私权和保密性：心理师有责任保护寻求专业服务者的隐私权，同时明确认识到隐私权在内容和范围上受到国家法律和专业伦理规范的保护和约束（7 条）。

4. 专业胜任力和专业责任：心理师应遵守法律法规和专业伦理规范，基于科学研究，在专业界限和个人能力范围内以负责任的态度开展评估、咨询、治疗、转介、同行督导、实习生指导以及研究工作。心理师应不断更新专业知识，提升专业胜任力，促进个人身心健康水平以更好地满足专业工作的需要（6 条）。

5. 心理测量与评估：心理测量与评估是咨询与治疗临床工作的组成部分。心理师应正确理解心理测量与评估手段在临床服务工作中的意义和作用，考虑被测量者或被评估者的个人特征和文化背景，恰当使用测量与评估工具来促进寻求专业服务者的福祉（6 条）。

6. 教学、培训和督导：从事教学、培训和督导工作的心理师应努力发展有意义的和值得尊重的专业关系，对教学、培训和督导持真诚、认真、负责的态度（13条）。

7. 研究和发表：提倡心理师进行科学研究，以促进对专业领域中相关现象的了解和改善，为专业领域做出贡献。心理师在以人为被试进行科学研究时，应遵守相应的研究规范和伦理准则（13条）。

8. 远程专业工作（网络/电话咨询）：心理师有责任告知寻求专业服务者远程专业工作的局限性，让寻求专业服务者了解远程专业工作与面对面专业工作的差异。寻求专业服务者有权选择是否在接受专业服务时使用网络/电话咨询。提供远程专业工作的心理师有责任考虑到相关议题，应遵守相应的伦理规范（5条）。

9. 媒体沟通与合作：媒体沟通与合作中的伦理是指心理师通过公众媒体和自媒体（如电台、电视、报纸、网络等）从事专业活动，或以专业身份开展心理服务（如讲座、演示、访谈、问答等）的过程中，与媒体相关人员合作与沟通中需要遵守的伦理规范（6条）。

10. 伦理问题处理：心理师应在日常专业工作中努力践行专业伦理规范，在专业工作中应当遵守有关法律和伦理规范。心理师应努力解决伦理困境，和相关人员进行直接而开放的沟通，在必要时向督导及同行寻求建议或帮助（9条）。

以上伦理条款见《中国心理学会临床与咨询心理学工作伦理守则（第二版）》（以下简称《伦理守则》）。

三、中小学生心理辅导伦理中的注意事项

（一）多重关系

1. 常见问题

虽然《伦理守则》明确要求在建立专业关系时避免双重关系，但在校园心理辅导中常常存在双重关系甚至多重关系，即便专职的心理健康教育教师，在进行咨询时也存在咨访关系与师生关系的双重关系，兼职心理健康教育教师则

极有可能需要面对多重关系。这是因为，虽然中小学有一定数量的专职心理健康教育教师，但很多学校的心理健康教育教师都是身兼多职的，他们可能是学科教师、班主任或者行政工作人员，因为上级单位的要求或者自己感兴趣而参加了某些培训，便在学校兼任了心理健康教育教师。在这样的背景下，不仅学生难以得到有效的心理辅导，而且心理健康教育教师要面临角色冲突，在学生眼中，他们首先是班主任、科任老师，其次是心理健康教育老师，最后才是心理咨询师。

2. 注意事项

在学校心理咨询室开展心理咨询工作时，要尽量保持心理健康教育教师角色的单一性，这有利于工作的开展。当学校落实起来有困难时，心理师应有意识地调控多重关系，自觉完成角色切换，有意识地"去学科化""去教师化"，进入"心理咨询师"的工作状态。这就要求心理师加强专业学习，保持对专业的敏感度，在咨询工作中尽量抹去其他角色的痕迹。

（二）知情同意、隐私权与保密性各方的权益冲突

1. 常见问题

学生家长得知孩子在心理师处做过心理咨询后，往往会向心理师询问孩子说了些什么，而学生在咨询中又明确表示不愿让父母知道，原因是怕父母担心或者亲子沟通原本就不通畅。与此类似，学校领导、班主任在某些时候也会期望从心理师处了解某个学生的情况，询问咨询内容，这与咨询的保密性原则相冲突。学校心理咨询中，保密、突破保密、向谁突破保密，是每个心理师都会遇到的伦理困境。

2. 注意事项

首先，专业服务开始时，心理师有责任向来访学生说明工作的保密原则及其应用的限度、保密例外情况并签署知情同意书。心理师应清楚地了解保密原则的应用有其限度，下列情况为保密原则的例外：（1）心理师发现来访学生有伤害自身或他人的严重危险；（2）未成年人等受到性侵犯或虐待；（3）法律规定需要披露的其他情况。遇到情况（1）和情况（2）时，心理师有责任向学生的合法监护人、可确认的潜在受害者或相关部门预警；遇到情况（3）时，心理师有义务遵守法律法规，并按照最低限度原则披露有关信息，但须要求法庭

及相关人员出示合法的正式文书，并要求他们注意专业服务相关信息的披露范围。

其次，当需要团队（班主任老师、家长及领导）为来访学生服务时，应在团队内部确立保密原则，只有确保来访学生的隐私受到保护，才能讨论其相关信息。

最后，在咨询结束前的几分钟，心理师要和孩子探讨哪些信息可以告知父母和班主任，哪些不可以，除了保密例外的情况下，是否告知家长、应该告知哪些信息，需要尊重学生的意愿。

（三）价值中立

1. 常见问题

价值中立指心理师应尊重来访者，对自己的态度和价值观有清晰的觉察，不把自己的价值观带到咨询中，强加给来访者。但是，中小学生的身心都还在发展当中，稳定的价值观也还在建立之中，而教育的目的之一就是培养学生正确的人生观、价值观，那么，在中小学心理咨询中是应该坚持价值中立，还是要做正确的价值引导？这一矛盾也是中小学心理健康教育教师群体中的争论点。

2. 注意事项

首先，心理师要保持价值观的中立，在心理咨询中，心理师要清晰地觉察到自己的价值观，避免自己的价值观和主观经验对咨询产生的影响，要无条件积极接纳来访学生，否则会影响咨访关系，不利于心理辅导。

其次，在咨询过程中，心理师要谨慎辨别学生的价值观，如果来访学生的问题和不正确的价值观有关，要恰当地运用咨询技术予以引导。

（作者：郭娟）

第四章

中小学生常见的
心理问题与处置

第一节
多动问题的识别与处置

一、多动问题的识别

（一）多动的定义

注意缺陷多动性障碍（Attention Deficit Hyperactivity Disorder，ADHD，下文简称多动）描述那些表现出持续的、与年龄不符的注意力不集中及多动/冲动的儿童。

（二）多动的主要特征

1. 多动的核心特征

（1）注意缺陷

注意缺陷的儿童在学习和玩耍时很难保持持续的注意力集中，对他们而言，集中注意于某一事件或始终如一地执行指令是很难的。一个儿童可能有一种或几种类型的注意缺陷（布约克隆德，1995），比如短时注意缺陷、选择注意缺陷、持久注意缺陷。有的儿童做功课或玩耍时很难集中注意力，很难按照要求或指令完成任务，他们可以很主动地投入到感兴趣的事情上去，但在新的或不太有趣的任务上很难集中注意力。与正常儿童相比，他们更容易被外界环境干扰。

（2）多动行为

多动儿童一般表现为多动或异常活跃，精力充沛，但行为没有明确的目的性、规划性。表现为坐立不安、爬上爬下，有的会在教室里乱跑，去抓看得见的任何东西，总是不停地讲话。

（3）冲动行为

让多动的儿童停止正在进行的行为或根据他人要求规范自己的行为是非常困难的，他们很难控制自己的情绪，一不高兴就会暴跳如雷。例如，经常插嘴或干涉他人的活动、没有听完问题就快速给出一个不正确的答案、在课堂上大喊大叫、不考虑后果即行动。

2. 多动的一般特征

（1）认知缺陷

多动的儿童一般具有执行功能缺陷（执行功能是指儿童为达到未来目标而维持一种解决问题的状态的能力）。大部分多动儿童智力处于正常范围，有的还很聪明，他们的困难不是智力缺陷，而是如何在日常生活情境中运用智力。

（2）学习功能损伤

80％的多动儿童在童年后期具有学习障碍（典型的是阅读、算数和拼写等障碍）。大部分多动儿童还经历人际关系困难，因为他们不听别人的话，常有敌意，好争辩，不遵从规矩，行为常具有烦扰性和攻击性。

（3）健康方面的表现

多动的儿童去医院就诊率高于正常儿童；伴有睡眠紊乱（不愿上床睡觉和睡眠时间少）；青春中期轻微的身高增长缓慢；具有多动冲动症状，发生意外事故倾向和危险性较高。

（4）伴随症状

大约80％的多动儿童同时伴有另一种心理问题，如对立违抗、品行障碍、攻击行为、焦虑和抑郁等。

（三）常见的认识误区

1. 多动儿童都多动吗

不一定。多动症有三种类型，注意缺陷型、多动冲动型和综合型（既有注意的缺陷又有多动冲动的症状）。注意缺陷型的多动儿童只有注意分散或选择性注意缺失等症状，没有多动冲动症状。所以多动儿童不一定都多动。

2. 调皮的儿童都多动吗

（1）注意力方面，多动儿童很难长时间地集中注意力，但顽皮儿童全然不同，他们对感兴趣的活动能做到全神贯注，而且讨厌别人的干扰和影响。

（2）自控力方面，调皮儿童在特别要求下能约束自己，可以静坐，多动儿童却静不下来。

（3）行为方面，调皮儿童好动一般是有原因、有目的的，多动儿童却冲动、无目的。

（4）生理方面，调皮儿童思路敏捷、精细动作协调、记忆和辨认准确，多动儿童则有明显不足。

二、多动问题的处置

（一）药物疗法

尽管人们对使用兴奋剂存在很多争议，但多数专家认为这些药物有助于缓解多动的主要缺陷。70％～75％接受药物治疗的多动儿童注意力得到改善，冲动和无目的活动水平降低。此外，兴奋剂可以减少多动儿童的攻击性、不顺从、对立性行为。所以，如果学生有多动倾向，心理咨询师可首先建议家长带其到医院就诊并按医嘱服药。药物疗法虽然有一定的局限性，但在医生指导下恰当使用，是治疗多动的最有效方法。

然而，药物不是总有用的。有些儿童在服药后会出现体重降低、胃口不好、临时性长高障碍或者难以入眠等现象，有些儿童感觉情绪低落或轻微忧郁，降低药量后这种症状可以消除。药物对80％的多动儿童有效，且只在儿童时期有效。

（二）管理训练

管理训练主要是培养父母或老师解决问题的策略，即解决问题技能训练。方法是先概括出可供选择的各种解决问题的办法，思考后选出最佳办法，再实施最好的解决方案，这一方法主要用于家庭行为治疗。

具体步骤：

1. 告诉父母或老师有关多动问题的知识，使其包容儿童的问题，使问题不再恶化。

2. 教给父母或老师行为管理的原则和技巧。比如如何控制和调节自己的情绪、如何正确地理解儿童、如何管理儿童的对立和不听话行为、如何应对/养育多动儿童的情绪困难。

（三）课堂管理

课堂管理对改善多动儿童的注意缺陷、破坏行为和学业成绩很有效。基本的做法是教师和学生签订合约（见表4-1），规定儿童的行为和奖惩措施。关键步骤是学校给儿童邮寄日常报告卡，及时反映儿童在目标行为方面的表现，使父母据此奖励子女的进步，同时促进家长和教师之间的交流。

表4-1 多动儿童和教师之间的合约

我保证做到： 我每天早上 8:00 到校 除非得到王老师的允许，否则不会离开座位 发言前一定要举手 其他同学讲话时，我保证不打断 在下午大课间活动前完成下午的作业
如果做到上述内容，我将得到： 额外的上网时间 额外的画画时间 额外的代币，用来换取美术用品
如果没有做到以上五项，我将： 不能参加娱乐活动

（作者：郭娟）

第二节
自闭问题的识别与处置

一、自闭问题的识别

（一）自闭的定义

自闭症谱系障碍（Autism Spectrum Disorder，ASD）即孤独症，是一种较为严重的广泛性发展障碍，又称孤独障碍，是一种儿童期障碍，以儿童的社会交往和沟通能力的明显受损为特征。

（二）自闭的典型特征

1. 社会交往功能损伤

（1）没有依恋：和陌生人相比，自闭儿童对母亲还是依恋的。他们不是没有依恋，而是没法理解所发生的事情，或者不知道如何反应来改变目前的状况，这使他们看起来没有依恋。

（2）不会和熟人打招呼。

（3）不会与他人分享经验或情绪。

（4）联合性社会注意缺陷：指不能在对某个物体的注意与对另一个人的注意之间建立一种共同的兴趣。

（5）情绪信息加工困难，不会体察和理解别人的情感。

2. 交流损伤

（1）缺乏展示性手势：由于具有联合注意损伤，在交流的过程中不会使用展示性手势，比如不会边说边用手指着所说的事物。

（2）大部分自闭症儿童的语言发展是迟滞的，他们的语言节奏和声调时常是异常的。

（3）他们缺乏社交性聊天能力，无法运用语言进行社会沟通。

（4）他们与其他人的沟通是荒谬的、不恰当的、和所处情境没有关系的。

（5）语言的质性损伤，主要包括代词颠倒（重复他所听到的人称代词）和回声性语言（鹦鹉学舌般重复他人的话）。

3. 刻板性行为

表现出刻板性、重复性的行为、兴趣和活动，包括强迫性的日常生活和固定程序，异常的迷恋、坚持一致性，或刻板性的身体运动。

（三）自闭的次要特征

1. 认知损伤：自闭的儿童具有中心信息整合缺陷，能对信息进行片段或碎片加工，但不能进行整体加工。

2. 感觉损伤：自闭的儿童感觉器官完好，但是他们对刺激的反应异常，过度敏感和不足反应的发生率明显高于正常发展的学生。比如对衣服上的缝合线敏感，无法对人声或其他声音做出反应。

3. 心智表现：尽管自闭的儿童智力水平范围很广，包含高于平均水平的智力，但智力缺陷很常见，并且包括重度和极重度缺陷。专业人士以 IQ70 分为临界分数，根据智力水平将个体分为较高功能自闭（IQ 高于 70）或较低功能自闭（IQ 低于 70）。

二、自闭问题的处置

（一）干预目标

1. 较低功能自闭儿童的干预目标：帮助其消除伤害性行为，服从简单要求和规则，学习自我帮助技能、了解基本的社会和情绪行为，掌握对需要的沟通能力和适当的游戏能力。

2. 较高功能自闭儿童的干预目标：除了上述目标外，还包括学会流畅的语言表达，与正常同伴进行符合其年龄特征的适当交往、获得普通教室环境下所需的行为和技能。

（二）行为干预

国际上干预自闭症的主流方法包括应用行为分析法（ABA），结构化教学法（TEACCH），人际关系发展干预（RDI），图片交换交流系统（PECS），社交情绪调控交互支持（SCERTS 模式），地板时光（Floor time），社交故事（Social story），游戏文化介入（PCI）和丹佛早期干预介入模式等。这里主要介绍以 ABA 应用行为分析为基础的 A－L－S－O 干预理念。

1. 基本含义

A 代表 Academic Skills，可以理解为学业技能或者认知技能。

L 代表 Living Skills 和 Life Skills，前者与生存有关，后者与生存的意义有关。前者直接关乎衣食住行以及获得衣食住行的能力（比如从会自己吃饭到会自己做饭再到会自己赚钱做饭），后者代表让自己活得愉快、开心（兴趣，情趣的培养，从家长不乐见的爱看广告，喜欢并且只听某歌星的歌曲，到涂鸦、画画，到发展某项常人不及的专业兴趣等）。

S 代表 Social Rules 和 Social Skills，理解社会规则，会使用一些社会技巧。

O 代表 Occupational Skills。将 L 中的内容发展到极致，都可以发展成职业化技能，哪怕将专门帮人打扫卫生做到极致，也会被人哄抢和供不应求。

2. 具体做法

将此理念应用于行为分析，在生活中教学，在教学中生活。

例如：在一家酒店的饭桌旁，母子二人和一位客人在用餐。服务员上了一道菜，这道菜碰巧放在了孩子伸手不能触及的远端。服务员离开以后，这个孩子就出现了以头撞桌子的行为，而且其撞的方向正是这道菜的位置，同时发出哼哼唧唧的声音。很显然，孩子的行为表达了一种需求。但这种需求是不是一种"机会"取决于母亲的行为。

那么，应该怎么干预呢？

（1）学业技能的干预：比如教方位——把孩子想吃的菜放在桌子上/下，

或者盒子里，用语言和身体辅助的方式提示他从上/下方位得到菜；重复这样的机会（这里孩子喜欢吃的菜就是强化物）。又如教颜色——利用他喜欢吃的东西的自然颜色，或者把他喜欢吃的做成特定的颜色，问他吃红的还是绿的/或者黄的，等等，他回答哪种颜色，就给他哪种颜色的。再如教形状——利用他喜欢吃的东西的自然形状或者把他喜欢吃的东西做成特定的形状，问他是吃"五角"的，还是吃"三角的""圆的"，或者"方的"，并根据他的回答给他相应形状的食物。

（2）生存技能和社会规则的干预：比如教孩子洗手，与孩子一起或者让他自己玩弄脏手的游戏（比如捉迷藏），让他玩到渴，玩到饿。把他最爱吃的水果洗好、切好，放在他很容易发现的盘子里。如果他要过来抓着吃，及时阻止并说，"去洗手"，同时辅助他按照串联行为教学程序（ABA 行为分析里的技能）把手洗干净。然后告诉他，现在可以去吃水果了，让他明白吃水果前要洗手的规则，最终泛化为吃东西前要洗手的规则。

（三）药物治疗

这里需要指出的是，治疗自闭症的主流方法是行为干预，药物干预具有辅助作用，且主要针对攻击、自伤、激越和刻板等问题行为。

（作者：郭娟）

第三节
攻击性行为的识别与处置

一、攻击性行为的识别

（一）攻击性行为的定义

攻击性行为是一种经常有意地伤害或挑衅他人且不为社会规范所许可的行为，属于个体社会性行为，是个体心理发展的重要方面。攻击性行为不仅对个体人格、品德的形成和发展有消极影响，而且影响着个体的社会化，是反映个体社会化成败的重要指标。

（二）攻击性行为的表现

攻击性行为表现为直接打人、踢人等身体攻击行为，骂人、嘲弄或讽刺人的语言攻击行为和恶意造谣、离间他人关系的间接攻击行为等。研究表明：攻击性行为是人类的一种普遍性行为，一定数量的攻击性行为是正常的，但在一段时间内，表现出比较稳定的、好斗的、充满敌意的高度攻击性，说明攻击行为已偏离正常值，发展为典型的攻击性行为。如果不对这种攻击性行为加以干预和引导，不仅会对中小学生人格、品德和良好行为习惯的形成和发展产生不利影响，还会使其将来出现犯罪、反社会或暴力性行为的可能性大大增加。

（三）行为障碍中的攻击性行为

1. 对立违抗障碍中的攻击性行为

对立违抗障碍（Oppositional Defiant Disorder，ODD）是儿童期常见的心理行为障碍，主要表现为与发育水平不相符的、明显的对权威的消极抵抗、挑衅、不服从、敌意等行为特征。一般没有严重的违抗或侵犯他人权利的社会性紊乱或攻击行为。发病期一般在6岁左右。

对立违抗障碍学生的攻击性行为常表现为以故意的、被动的、令人厌烦的行为频繁地表达对父母、兄弟姐妹及老师的反抗和挑衅，不服从权威与规则，常因一点小事而发脾气，与成人争辩，强调客观理由，为了逃避批评和惩罚而把因自己的错误造成的不良后果归咎于旁人，甚至责备他人。

2. 品行障碍中的攻击性行为

品行障碍（Conduct Disorder，CD）一般始于9～10岁，以反社会性行为、攻击性行为及对立违抗性行为为主要临床表现；行为人日常生活和社会功能明显受损；症状持续至少6个月；排除反社会型人格障碍、躁狂发作、抑郁发作、注意缺陷与多动障碍等其他障碍。

此外，多动学生也伴有攻击性行为。所以，在实践工作中要区分是一般的攻击性行为还是对立违抗障碍、品行障碍或多动症伴有的攻击性行为。由心理障碍导致的攻击性行为需转介到心理医院，学校的心理辅导作为辅助治疗。

二、攻击性行为的处置

（一）外化技术

用外化的态度去看待具有攻击性行为的学生，全然接纳学生。人不等于问题，人是人，问题是问题。当我们把问题和人分开的时候，就可以珍惜她（他），保持一种价值中立，在内心保持对学生的尊重，如此就能保持一种外化的态度，做到无条件积极接纳。

外化的步骤：

步骤1：攻击性行为是怎么来的？

步骤2：攻击是怎么影响这名学生的？

步骤3：把攻击性行为命名为"攻击性行为和人"，使问题是问题，人是人。

步骤4：增强外化，寻找该学生身上有哪些优点。

（二）鉴别性评估

多动症、对立违抗障碍、品行障碍、抑郁症、焦虑症等都可能伴有攻击性行为。所以，当发现学生有攻击性行为时，应首先进行评估，如果是心理障碍引发的攻击性行为，应转介到心理医院进行治疗，心理辅导起辅助作用。当然，药物治疗和心理治疗同时进行的效果会更好。

（三）收集有关攻击性行为的信息

依据行为功能分析收集相关信息并进行干预。行为功能分析（Functional Behavior Assessment）是一个确定问题行为及其影响事件的系统过程，它需要确定以下事件：能够稳定地预测使问题行为发生和不发生的事件；让问题行为得以保持的事件。

一般来讲，需要收集以下信息：

1. 攻击性行为发生前发生了什么？（前因事件）

2. 攻击性行为的表现。（问题行为）

3. 攻击性行为发生后发生了什么？（后果事件）

4. 什么更有可能让攻击性行为发生？（恶化事件）

（四）对攻击性行为的功能进行分析

通过收集到的以上信息对攻击性行为的功能进行分析，找到攻击性行为的功能。比如对一个具有攻击性行为的学生进行行为功能分析后发现，其攻击性行为的功能是表达和同学交往的需要。

（五）实施干预

1. 干预的核心：干预的核心是进行行为技能训练或用适当的行为替代攻击性行为。比如上面例子中小学生攻击性行为的功能是表达和同学交往的需要，当他想邀请同学玩时，他的方式就是掐同学或推同学，这时需要对学生进行行为技能训练，比如用适当的言语表达"我们一起玩，好吗?"另外，对攻击性行为发生的前因事件、后果事件及恶化事件采取相应的策略，比如孩子推了同学后，往往会受到家长或教师的批评，批评会加强攻击性行为，此时需要进行沟通技能训练。

学生攻击性行为背后的功能有报复、获得关注、自暴自弃，等等，应针对攻击性行为背后的不同功能，采取不同的干预策略。

2. 课后练习：问题解决技能训练

问题解决五步法：

问题情境：你的同学小明，拿走了你的游戏机，你想把它要回来，你该怎么办?

步骤1：我想做什么?

我想从小明那里抢回游戏机。

步骤2：我必须想想所有的可能性。

我可以打他，然后抢回游戏机，还可以向他要回来，或者告诉老师。

步骤3：我最好集中精力再想想。

如果我打他，我就会有麻烦。如果我向他要，他或许会还我。

步骤4：我需要做出选择。

我先试着向他要，如果他不还我，我就告诉老师。

步骤5：我做得好或者我犯错了。

我做出了明智的选择，没有惹上麻烦。如果小明把游戏机还给我，我和他还是好朋友。在告诉老师前，我会尽力把它要回来。我做得很棒!

（作者：郭娟）

第四节
焦虑的识别与处置

一、焦虑的识别

（一）焦虑的含义

焦虑是指个体在面对即将来临、不够明确或模糊的情境时感到难以预测与缺乏控制力，所体验到的一种紧张不安的情绪状态。

（二）焦虑的分类

焦虑按形成原因可分为 2 种类型：

1. 现实性焦虑

现实性焦虑在个体中较常见，指当个体面临自认为未知、重要和危险等情境时可能产生的焦虑，如重大考试前、比赛前和手术前等。一般而言，事件结束，焦虑就会消失。

2. 病理性焦虑

指无客观对象、无具体内容的紧张和担忧，而且无法摆脱。

（三）焦虑的表现

焦虑是一种最常见的情绪反应，几乎所有个体都会体验到。一般而言，轻度、短期和适度的焦虑会激发个体的内在动力，使个体能主动寻求资源去积极应对、解决问题。但如果焦虑程度与情境不相符，焦虑情绪没有随着客观问题的解决而消失，且焦虑持续时间长，并对学生的生活和学习等社会功能产生不同程度的影响，则具备了病理性焦虑的特点，需要心理干预了。

1. 焦虑的躯体反应

主要表现为交感神经系统活动增强，如心血管、呼吸系统活动增强和胃肠道不适等。具体表现为：胸闷、气短、过度换气；心前区不适、胸痛、心慌、心悸、血压升高等；头晕、记忆力减退、入睡困难、少眠多梦等；尿频、尿急、排尿困难等；食欲不振、腹痛、腹泻等；面色潮红、皮肤出汗、寒战、手足心发冷等。

2. 焦虑的情绪、认知反应

常常出现与所处环境不相符的痛苦情绪体验，如担忧、紧张、着急、烦躁、害怕、不安、恐惧、不祥预感等；在痛苦体验的同时会伴随负性认知或灾难化的想法，如认为担心的事情或危险会马上发生，但自己无力应对。

3. 焦虑的行为反应

主要是以外显情绪和躯体运动症状为主的表现，如表情紧张、双眉紧锁；笨手笨脚、姿势僵硬、坐立不安、小动作多（抓耳挠腮、搓手等）、颤抖、哭泣等；说话唐突、语速加快、缺乏条理性；注意力不集中、思路不清晰；情绪易激动等。极度焦虑者还会出现回避、退缩等行为。

二、焦虑的处置

（一）合理宣泄

合理宣泄法是指采取恰当的方式，选择适当的情境和对象，最大限度地释放不良情绪，从而缓解情绪对身心健康的不良影响。可采用自我宣泄法和他助宣泄法。

1. 自我宣泄法

常用的自我宣泄法有眼泪缓解法和运动缓解法。

眼泪缓解法即"哭"，哭是人类的一种本能，是情绪直接外在流露的方式。在日常生活中我们可以观察到，婴儿加工负性情绪的方法大多是哭，并且是即时性的，往往能很快缓解负性情绪。

运动缓解法是通过慢跑、打球、散步等体育运动或其他体力劳动，将心理负性能量转变为体力上的能量释放出去，从而达到宣泄情绪的目的。此外，研究表明，个体在运动时，会产生内啡肽（也称快乐激素），使个体产生愉快的感受。

2. 他助宣泄法

他助宣泄法主要包括倾诉法和模拟宣泄法两种。倾诉法即通过口头语言或书面语言的方式（如写日记、绘画等）来表达和缓解情绪。模拟宣泄法是通过模拟情绪宣泄的对象，如硅胶宣泄人、沙袋等来发泄烦恼，宁心息怒。

（二）放松训练

放松训练一般包括腹式呼吸放松法、美好场景放松法和渐进肌肉放松法三种，这里主要介绍一下腹式呼吸放松。

1. 放松的定义

放松是指个体生理和心理层面的松弛状态，从而使机体保持内环境平衡与稳定。

放松训练一直是帮助来访者和在医疗领域的病人们解决焦虑、失眠、身心问题、慢性疼痛和许多其他疾病的基本方法；对来访小学生的焦虑、抑郁、恐惧和愤怒等情绪问题，具有普遍性干预效果。

2. 腹式呼吸法

腹式呼吸法也称横膈膜呼吸法，即深呼吸。腹式呼吸一般包括三个步骤：第一步，吸气，缓而深，感受气流顺着气管、支气管到达肺部，膈肌收缩，横膈膜下降。第二步，屏气，在舒服的情况下尽可能多屏一会儿。第三步：呼气，缓而长，完全地放松。

腹式呼吸法的技术要点是胸不动腹动，初学者可以将左手放在胸部，右手放在腹部检测训练质量，整个腹式呼吸过程（一吸二屏三呼）中，左手始终没有起伏变化，右手则随着吸、呼气有起伏变化，并注意做到：吸气呼气各5秒，中间屏气尽量长。

3. 渐进肌肉放松法

渐进肌肉放松法是指使有机体从紧张状态松弛下来的一种练习过程，放松有两层意思，一是使肌肉松弛，二是消除紧张，通过感受肌肉松弛反应来抵制焦虑和恐惧。比如放松前臂（伸出前臂，攥紧拳头，用力攥紧，注意手上的感觉，然后慢慢放松，体验放松后的感觉，你可能感到沉重、轻松或者温暖。再做一次），再如放松脚趾（绷紧双脚，用脚趾抓紧地面，用力一点儿，再用力，再抓紧，放松，再做一次）等。

（作者：郭娟）

第五节
考试焦虑的识别与处置

一、考试焦虑的识别

（一）定义

考试焦虑是中小学生常见的心理现象，是与考试环境有关的特殊焦虑类型，是指考生在考试情境下，由于准备不充分或期望值过高、缺少自信等原因，过度担心考试结果及结果对其带来的消极影响等而导致的过分紧张、担忧等复杂情绪反应。

适度的焦虑是有益的，会使大脑和机体处于适当的觉醒或兴奋状态，有助于考试前复习与临场发挥。过度的焦虑会使学生在面临考试情境时产生恐惧等复杂心理，同时伴随各种身心不适症状，是一种与认识困难相伴的不适情绪状态。

（二）考试焦虑的具体表现

1. 躯体上，表现为心跳加快、出汗、头晕、头疼、胸闷、腹痛、腹泻等。

2. 情绪上，表现为过度地紧张、烦躁、担心、害怕、恐惧、抑郁。

3. 行为上，表现为注意力不集中、睡眠不好、学习困难、食欲不佳，有的甚至出现厌学、拒绝上学行为等。

4. 认知上，表现为不自信、自我否定、无能、自我效能感低、记忆效率低等症状。

上述身心反应直接影响考试成绩、生活和学习。

（三）考试焦虑的影响因素

1. 家庭因素：家庭关系、家庭教育观念及家庭教养方式是影响考试焦虑的重要因素之一，如家长过高的期望值、缺乏民主的管教方式等。

2. 学校因素：以升学率作为奋斗目标的学校无疑会将考试分数、成绩的重要性扩大，进而导致学生对分数的不合理认知。

3. 内在因素：消极的归因、解释风格及过高的自我期望等也是导致考试焦虑的因素。

二、考试焦虑的处置

（一）考前失眠的应对

伴有考试焦虑的学生考前一般会出现失眠现象，他们躺在床上依然很清醒，努力想睡却怎么也睡不着，或者睡了很短的时间就醒了，感觉像没有睡过一样。怎么应对考前失眠呢？

1. 观察呼吸法

使用观察呼吸法时，应把注意专注到呼吸上，一呼一吸算一次，倒着数10，9，8，7，6，5，4，3，2，1，然后数9，8，7，6，5，4，3，2，1，接着数8，7，6，5，4，3，2，1，再接着数7……如果注意分散了，要重新开始，把注意力集中在对呼吸的观察上。如此反复，内心会变得平静、放松，并逐渐进入睡眠状态。

2. 身体扫描法

进行身体扫描时，放下自己意识里的评判，放松地躺在床上，只是随着气息去如实地感受此时此刻身体里的感觉，可以从头到脚去感受，也可以从脚到头，比如从一条腿的脚趾、脚后跟、脚心开始觉知。无论它是痒的、麻的，或者有一些胀痛，都不要去评价——只是"静观"并一点点去觉察自己身体的感受。如果注意分散了，把它重新拉回就好。

（二）考前的积极暗示

自信地进入考场。比如可以想象一下让自己感觉最自信的画面或场景，以及在这个场景里，认知、情绪、行为及躯体上自信的积极感受，然后带着这种自信的感受来到考场上，想象自己自信从容地在答题。

（三）应对考试中的焦虑

如果考试中卡壳了，考生一般会紧张焦虑，出现心慌的症状，可以教学生做如下应对：

1. 腹式呼吸放松法：可以通过腹式呼吸放松法快速地进入沉着冷静的状态。要领是腹部收放呼吸，胸部不动；吸气撑大腹部，呼气收缩腹部；尽量放慢呼吸节奏。

2. 渐进肌肉放松法：可以通过肌肉放松法达到缓解焦虑的目的。渐进肌肉放松是使有机体从紧张状态松弛下来的一种练习过程，能够使肌肉松弛，消除紧张。

3. 注意转移法：可以将注意转移，比如把笔拆开，重新装上，将注意转移到拆与装的过程中。

4. 进行合理认知：当情绪平静后，应进行合理的认知。中小学生的考试焦虑和认知（对卡壳的解释和归因）有关，所以，纠正其不合理的认知是很重要的。选择最有力量的句子记录下来，在考场上如果出现焦虑，就用这样的言语暗示自己，比如"我不会，别人也不会""考试中遇到不会的题很正常，要都会就都满分了，肯定会有不会的题"等。

（作者：郭娟）

第六节
抑郁的识别与处置

一、抑郁的识别

（一）抑郁的定义

抑郁是一种消极的情绪状态，表现为情绪低落、思维迟钝，感到生活无意义、前途无望，闷闷不乐，郁郁寡欢，严重者有自杀倾向。

（二）抑郁的分类

根据抑郁形成的原因，一般把抑郁分为两种类型：①内源性抑郁：一般由躯体内部因素引起的抑郁，生物学特性明显，如遗传因素（抑郁症病人的亲属）、生物化学因素（神经递质失衡）和神经内分泌因素（皮质醇的升高）都可能引发抑郁；此外，某些躯体疾病（如心脏病、肺部疾病、内分泌代谢疾病甚至重感冒、高热）和药物（如高血压病人服用的降压药）可能引发的继发性抑郁也属于内源性抑郁。②反应性抑郁：通常指由外部应激事件所引起的抑郁，如生活压力、创伤事件、慢性疾病、重症疾病等都可能引发抑郁。

（三）抑郁的表现

中小学生抑郁的常见表现为：

1. 持续悲伤难过，或对生活和未来悲观。

2. 脾气恶劣，易激惹，有攻击性行为。

3. 对批评、拒绝的高度敏感和自我评价低。

4. 注意力不集中，成绩下降明显，对课外活动的兴趣下降。

5. 行为退缩，缺乏精力和动力，忽视仪容，动作迟缓。

6. 变得孤僻不合群（原来内向者更加离群）。

7. 白天过度瞌睡或晚上过早上床睡觉。

8. 消极观念及消极行为。

9. 行为异常，如有攻击性行为、破坏行为、多动、厌学、逃学、拒绝上学、说谎、自伤、自杀等行为。

国际上将既有抑郁情绪，又存在品行障碍问题的类型称为"抑郁性品行障碍"。

（四）抑郁和抑郁症的区别

正常的抑郁情绪是可以在短期内消退的，一般不会超过 2 周，而抑郁症者的抑郁低落情绪是长期的，一般可持续 2 周以上，且很多人无法自行缓解病症，需要及时求助专业医生。

二、抑郁的处置

干预抑郁的方法有很多，如认知干预、行为干预、催眠、叙事疗法、家庭系统疗法、沙盘疗法等。这里以行为干预和叙事疗法为例，介绍合理宣泄、放松训练和叙事疗法的具体应用。

（一）合理宣泄

详见第四节，《焦虑的识别与处置》。

（二）放松训练

详见第四节，《焦虑的识别与处置》。

（三）叙事疗法

1. 认识叙事疗法

人的自我认同是通过生活故事建立起来的，叙事疗法的主要任务是通过对个人故事的重建，达到自我认同重建的目的。"多重故事"会建立广泛的自我认同，"期望故事"会建立关于自我的积极认同。

2. 叙事疗法在中小学生抑郁干预中的应用

第一步：从问题故事开始

（1）用外化的技术（可参考第三节《攻击性行为的识别与处置》）

（2）双重倾听：一种从问题里寻找与问题无关生活片段的倾听方式（抑郁小学生问题故事里的积极资源）

第二步：寻找例外

（1）寻找例外的常用句式

有没有例外的情况？（相信例外）

什么时候会有点儿不一样？（相信有好的时候）

你以前遇到这样的情况（相似的困难）是怎么解决的？（相信遇到过类似的问题）

在成功时，你的想法、做法等会有什么不同？（相信其他领域的例外会带来整个系统的不同和问题的解决）

（2）怎样寻找例外

从过去寻找例外：你有过不受问题影响的经历吗？它发生在什么时候？你是怎么做的？

从现在寻找例外：你现在有什么反应？

从将来寻找例外：如果你的问题解决了，你的生活会怎么样？

（3）例外技巧

例外细化：具体化描述发生了什么？感觉如何？想到了什么？做到了什么？

开放式提问：有没有……的时候？有没有不一样？

坚持和耐心：学会等待，坚持10秒，依然不行，则使用未来例外。

认可与赞美：真不容易，你是怎么做到的呢？不错，你是怎么迈出最艰难的一步的？

找到例外的标准：让来访者找到内在的声音——是的，我成功过，是的，我有能力。

第三步：滚雪球（改写技术）

来访中小学生一般会描绘自己的问题、困境或窘境，讲述他们是因为什么来寻求帮助的，而这些内容、主题往往与丧失、失败、无能、绝望或徒劳感相关。

改写对话就是引导来访者觉察那些被忽视却又非常有意义的事件和经历（即例外），让来访者重新讲述一条新故事线（期望故事），发展故事情节，赋予这些生活经历更多意义。

随着期望故事的情节越来越丰富，来访小学生对问题有了新的看法，自我认同也被重新建构。

（作者：郭娟）

第七节
非自杀性自伤行为及处置

一、非自杀性自伤行为的发生

(一) 非自杀性自伤行为的定义

非自杀性自伤行为 (Non-Suicidal Self-Injury，NSSI) 是指不以自杀为目的的故意、直接、反复损害身体组织，而为社会和文化所不认可的行为。常见的自伤行为包括划伤皮肤、割腕、用针 (如圆规) 扎、咬伤、烫伤、掐，等等。《美国精神障碍诊断和统计手册》DSM-V 已经把 NSSI 作为一种独立的障碍进行研究。NSSI 常见于青春早期，即 12～15.2 岁之间 (威尔金森，2018)，平均发生年龄在 13 岁左右。

(二) 发生率

青少年非自杀性自伤行为在全球普遍存在。布伦纳 (2014) 等调查 11 个欧洲国家青少年后发现，非自杀性自伤行为终生患病率为 27.6%，欧洲各国的流行病率从 17.1% 到 38.6% 不等。全球大约有 14%～15% 的青少年至少实施过一次非自杀性自伤行为，欧洲和澳大利亚的青少年非自杀性自伤行为发生率为 14%～17%，苏格兰的青少年非自杀性自伤行为发生率为 13.8%，美国和新西兰的青少年非自杀性自伤行为发生率为 15.3% 和 24%，德国的青少年非自杀性自伤行为发生率为 3.1%，我国研究者发现非自杀性自伤行为检出率逐年增高，中学生非自杀性自伤行为检出率高达 27.4%（韩阿珠等，2017）。

（三）自伤的方式及比例

萨拉夫等人研究表明，自伤者选择一种伤害方式的比例为 42.3%，选择两三种伤害方式的比例为 28.8% 和 13.5%。不同的自伤方式及发生比例情况见表 4 - 2。

表 4 - 2　自伤方式发生比例情况简表（萨拉夫等，2018）

自伤方式	比例
用刀割	71.2%
用力抓	32.7%
击打自己	26.9%
干扰伤口愈合	19.2%
咬	15.4%
烧伤	13.5%
针扎	7.7%
吞咽危险物品	7.7%
拽头发	5.8%

（四）自伤行为的分析

1. 情绪调节：情感调节模型表明，NSSI 是一种缓解急性负面影响或情感唤醒的策略。自伤者多伴有强烈、频繁的焦虑、烦躁、压抑等负性情绪，情绪处于高唤起状态，为缓解负性情绪而实施 NSSI，目的是获取内心的平静或愉悦感。所以，缺少有效的情绪应对策略是自伤发生的重要因素之一。

2. 人际影响：自伤是在自伤者的环境中用来影响或操控他人的行为，在该环境中，通过外部环境给予或内部释放，NSSI 会得到强化。同伴对青少年的影响远远超过其他年龄阶段人群，而且处于青春期的孩子们有着强烈的好奇心，这导致 NSSI 在青少年之间具有强烈的传染性。自伤也被认为是一种求救、避免被遗弃的方法，是一种试图被更认真对待的尝试，或者是影响他人行为的其他方式。例如，一个人可能会通过自伤行为获得重要他人的关注与喜爱。

3. 自我惩罚：自我惩罚模型认为，自伤是在表达对自己的愤怒，自我导向的愤怒和自我贬低是自伤者的显著特征。莱恩汉研究发现，自伤者已经在自我环境中学会惩罚或自我贬低，他们在自伤前会产生一系列负性情绪，这些情绪让其感到沮丧甚至厌恶自己，个体会采用不同的方式来减少或削弱这些情绪，以实现自我协调和自我平衡，自伤就是其中之一。

4. 寻求刺激：在非临床人群中，超过 10% 的青少年选择自伤的理由是"我认为这很有趣"，不到 10% 的青少年精神疾病患者选择自伤的理由是"兴奋"。总之，非自杀性自伤行为的发生并不是由单因素导致的，而是多种因素综合影响的结果，但目前的研究还不能证实具体哪种因素占主导地位。

5. 人格分裂：当重要他人缺席时，自伤者所感受到的强烈情绪可能导致人格分裂或解体，对自己造成身体伤害可能会使系统休克，从而中断解离性症状发作，并使个体重新获得自我意识。该模型认为分裂感来自被遗弃或被孤立感，从而使人感到麻木，自伤是为了解决麻木、重获身份认同、结束心理分裂；自伤也可能是产生情感和身体感的一种方式，能让个体感觉真实或再次活着。

6. 自杀意图的替代品：自杀者与自伤者虽然有相似的心理特征，但在行为表现、意图等方面均具有明显差异。自伤是抵抗自杀冲动的一种应对机制，是自杀意图的替代品，是表达自杀想法的一种方式。

7. 人际边界：该模型认为自伤是确认自我边界的一种方式。自伤者被认为缺乏正常的自我意识，原因是缺乏对母亲的依恋，以及无法从母亲那里获得个性化。比如自伤者认为在皮肤上做标记是为了确认自己和他人之间的区别，并表明一个人的身份或自主权。

二、非自杀性自伤行为的处置

（一）建立关系

通过倾听、无条件的积极关注、共情等会谈技术建立关系。说话时的语音语调要让来访者感觉安全。

（二）危机风险评估

1. 风险评估：虽然大部分青少年自伤的目的不是自杀，但是也有引发危机的风险，所以，评估其有无自杀风险非常重要。研究表明，NSSI 的形式和类型与自杀未遂的严重程度密切相关。虽然 NSSI 不是出于自杀意图，但行为人反复实施 NSSI，难以自拔，会使自杀风险明显增高。此外，自伤者严重的 NSSI 可导致身体组织器官严重受损，甚至死亡。

2. 突破保密原则：告知家长孩子有自伤的问题，在家里要进行与自伤有关工具的管理。

3. 心理障碍评估：评估来访学生是否有焦虑症、抑郁症、双相情感障碍等心理障碍风险，如果有，需要转介到心理医院。

（三）收集与自伤行为有关的信息

收集自伤行为的发生情境，发生的前因事件及自伤行为方式、频率、强度，发生后的结果及恶化事件。

（四）分析自伤行为的功能

根据收集到的以上信息分析青少年自伤的功能。一般来讲，青少年自伤的主要功能有缓解情绪、获得关注、自我惩罚及寻求刺激等。

（五）实施干预

针对自伤行为的发生情境、刺激事件、自伤行为及后果等采取相应的策略。

1. 情境管理策略：帮来访学生厘清所有可能发生自伤行为的预警（意象，想法），当觉察到预警时，尽量不一个人待在某个地方（房间或教室等）。另外，家庭或学校要对与自伤有关的工具（比如手工刀等）进行管理。

2. 处置刺激事件策略

（1）认知重建：弄清刺激事件发生时来访学生的认知。一般来讲，来访学生对刺激事件的解释是有问题的，所以应弄清事件发生时来访学生的想法，并对错误的想法进行认知重建，想法合理了，就会减少自伤行为。

（2）调节情绪：通过访谈了解刺激事件发生时学生的情绪，教导来访学生宣泄负性情绪的技巧（详见第四节《焦虑的识别与处置》）。

（3）家长教育：有的自伤行为与家长和教师的言语、行为有关，所以，要对家长进行教育，如果教导其怎么共情、怎么正面教育及引导孩子等。

3. 行为教导策略：分析自伤行为的功能，帮助学生找到适当的获得功能替代行为。如果自伤行为功能是缓解情绪，就对其进行情绪调节的策略教导；如果自伤行为功能是获得关注和关心，就帮其找到获得家长或同学、老师关注的适当行为方法。

4. 后果管理策略：自伤行为发生后，家长或教师的某些行为可能会强化学生的自伤行为，所以要对家长和教师进行后果管理策略教育。

（作者：郭娟）

第八节
网络依赖的识别与处置

一、网络依赖的识别

（一）网络依赖的一般定义

网络依赖是指个体在没有一定理由的情况下，无节制地花费大量时间和精力在网上持续地聊天、浏览或者游戏，对网络产生强烈依赖，以致达到痴迷程度和难以自我解脱的行为状态和心理状态，影响了生活质量、工作和学习，使身体健康受到损害。

（二）中小学生网络依赖的表现

1. 认知：自尊降低、学业成绩下降、记忆力减退、生活满意度及幸福感低下。

2. 情绪：情绪较低落，容易暴躁、愤怒，网络依赖严重的未成年人伴有抑郁和焦虑。

3. 行为：睡眠不足，亲子冲突，社交退缩，严重者伴有攻击和伤害他人的行为。

4. 躯体：身体消瘦，面色苍白，浑身乏力，食欲减少，网络成瘾的未成年人大脑结构会发生改变。

（三）导致网络依赖的因素

1. 家庭因素：家庭因素是造成未成年人网络依赖的一个主要原因，特别是单亲家庭、留守家庭、家庭关系有缺陷等缺乏父母照顾和关心的孩子，他们缺乏家庭的温暖，便通过网络寻求心理安慰，进而形成网络依赖。父母的不当教养方式也是导致未成年人网络依赖的一个原因。

2. 心理因素：学业失败、孤独、人际交往不良的未成年人为了满足自己内心的需求，如归属感、成就感、自我价值感等，通常会选择逃避，很容易通过网络游戏寻找失去的自我，获得心理满足。

3. 社会因素：网吧的出现、网络游戏的流行、同学之间的攀比、从众及一些成年人沉迷网络的行为，都促进了未成年人依赖网络行为的发生。

二、网络依赖的处置

（一）建立关系

刚开始，可以和未成年人谈网络，谈游戏，共情他们从网络里获得的快乐，建立信任关系。这一步可能需要多次咨询才能实现。

（二）引发改变的动机

很多网络依赖的未成年人是被家长拖着来接受咨询的，他们没有改变的意愿，或不愿意改变，在干预前要通过《中小学生网络依赖前后自我比较表》，做改变其动机的工作（见表 4 - 3）。

表 4 - 3　中小学生网络依赖前后自我比较表

	未经常使用网络前	经常使用网络后
学业成绩	中等	倒数
睡眠时间	8 小时及以上	5 小时
睡眠形态	有规律	熬夜
饮食形态	三餐正常	三餐不正常

	未经常使用网络前	经常使用网络后
身体状况	健康	不健康
精神状况	有活力	易疲倦
真实生活中的人际关系	有一些好朋友	有一个好朋友
亲子关系	良好	不好

（三）陪运动

每天陪伴孩子进行至少30分钟的运动。这里需要指出的是这个"陪"字，多数孩子是不会去自主运动的，计划好运动的时间及地点后，一定要陪着孩子一起运动，否则难以达成目标。

（四）明确目标，收集信息

咨询师和来访者用行为语言描述要改变的目标，如通过干预使来访者上学、将每周游戏时间控制在两小时之内、因为使用电子产品和父母发生冲突时不摔门等。

以表格的形式收集来访学生网络依赖的基本情况，如打游戏前发生了什么、打游戏后发生了什么、什么使打游戏这种行为发生的可能性增加等（见表4-4）。

表4-4 网络依赖信息收集表

网络游戏前发生了什么	网络游戏的具体形式	网络游戏后发生了什么	什么让网络游戏更有可能发生
疫情期间无聊上网课时无人管束	手机游戏	获得快乐、陪伴	成就感、盟友召唤
周末或假期时无聊	iPad游戏	获得快乐、陪伴、成就感	盟友召唤、与网络盟友交谈
考试成绩差	电脑游戏	逃避挫败感、获得快乐、情感宣泄	与网络盟友交谈

（五）功能分析

通过以上的信息收集，找到未成年人网络依赖行为的功能，如来访学生网络依赖是为了获得快乐、陪伴、宣泄情绪、逃避挫败感、获得成就感等。

（六）背景策略和替代行为

对容易诱发网络游戏行为的背景和情境因素进行管理，实施一定的背景策略，如周末或假期时不把孩子一人留在家里；从网络以外的渠道寻找能满足中小学生需求的替代行为，获得网络之外的快乐、成就感等（见表4-5）。

表4-5 获得网络以外的快乐和成就感的活动表（单位：分）

活动	快乐程度（0～100）	成就感（0～100）
和朋友聊天		
和朋友打球		
准时完成作业		
骑自行车		
听音乐		
吃好吃的		
和同学逛街		
遛狗		

（作者：郭娟）

第九节
人际交往问题的识别与处置

一、人际交往问题的识别

（一）人际交往的定义

人际交往，就是人们通过某种方式相互接触，从而在心理和行为上相互作用的过程。人与人在交往基础上形成的各种心理关系被称为人际关系，而中小学生的人际交往主要是与同学、朋友、家长和教师的交往。目前，很多中小学生存在人际交往问题，这不仅影响了他们的学习，而且影响了他们的心理健康。

（二）中小学生人际交往问题的表现

1. 退缩：儿童退缩行为是一种社会适应不良现象，是指在社会情境中，儿童不与他人交往、游戏，一个人打发时间的行为。社会退缩行为分为三类：安静型退缩、焦虑型退缩和活跃型退缩。国内学者认为社会退缩行为常表现为：喜欢独处、害羞、胆小、敏感、爱生气、闷闷不乐、忧郁、哀愁、喜欢独自玩耍、排斥集体活动、自我评价低以及负面情绪多。社会退缩行为对中小学生的身心发展具有不利影响。

2. 自傲：与退缩相反，在人际交往中，一些学生高估了自己，总是觉得自己比别人优越，表现出一副"霸道"的样子，认为"自己是世界上最好的"，甚至不想与别人交往。这种心理往往会成为其与人交往的障碍，因为许多人都不喜欢与傲慢自大的人交往。

3. 孤独感：中小学生常常渴望被自己的同伴、朋友接受，也想多与他人交往。如果这种需要得不到满足，他们就会感觉"自我"找不到理想的依恋对象，而面对他们不喜欢的人或干涉他们的师长，他们会把情感的大门关起来，使自己陷于孤独感。

4. 对他人的不合理认知：一些中小学生在与他人交往过程中，容易对他人产生不合理的认知，如过度或错误解读他人的言语或行为，表现出多思多虑、对他人缺乏信任感等。

5. 不友好行为：一些中小学生面对挫折产生的根源或无关对象时会自责、愧疚，有时会向无关对象发泄沮丧情绪，进行"愤怒攻击"；还有的表现为冒犯别人，或者是对他人施以反驳、讽刺、嘲笑等言语攻击。他们通过这些不友好行为寻求暂时的心理平衡，但是这种平衡不会维持太久，反而会危害其身心健康。

二、人际交往问题的处置

（一）人际交往情境具体化

让来访学生把人际交往情境具体化，具体为：

1. 具体化认知：具体化人际交往情境中的认知，包括对自我的认知和对他人的认知，让来访学生描述该社交情境下他是怎么看自己的，怎么看他人的，别人是怎么看他的。

2. 具体化情绪：具体化人际交往情境中的情绪，让来访学生描述该社交情境下他有哪些情绪。

3. 具体化行为：具体化人际交往情境中的行为，让来访学生描述该社交情境中的具体互动情况，探索其社交焦虑情境中的行为方式，比如他是怎么做的，对方如何回应，等等。

（二）认知重塑

1. 关于自我的：对人际交往情境中有关自我的消极认知（比如"我觉得自

己真没用"）进行重塑，提升自我认同感。

2. 关于他人的：对人际交往情境中有关他人的消极认知（比如"他们都会嘲笑我"）进行重塑。

3. 关于消极情绪：探讨各种情绪背后的认知含义，并对消极认知（比如"我很愤怒，因为他们都看不起我""我很生气，因为自己真没用"）进行重塑。

4. 行为技能训练：儿童和青少年尤其是低龄儿童的人际交往问题主要由于缺乏恰当的交往技能或行为不当导致的，可以采取角色扮演的模式，在具体情境下对来访学生的互动方式进行矫正或者进行行为技能训练。

5. 暴露疗法：对于有社交焦虑的学生，可以以角色扮演的形式模拟实景暴露，也可以采取想象暴露的方式（见表4－6）。

表4－6 模拟情景暴露疗法咨询记录表

来访者	
日期	
咨询阶段	
暴露疗法次数	
焦虑情景描述	
其他参与人	
咨询目标	
适应性反应方式	
焦虑水平记录	
时间间隔	评分
开始	
1分钟	
2分钟	
3分钟	
4分钟	
5分钟	
6分钟	

来访者	
7分钟	
8分钟	
9分钟	
10分钟	

6. 布置作业：通过家庭作业让来访学生在生活实践中练习并强化行为技能，下次咨询时首先要探讨生活实践作业中存在的问题。

（作者：郭娟）

第十节
厌学行为的识别与处置

一、厌学行为的识别

（一）定义

国内学者大多将厌学置于认知、情绪、行为框架内进行定义，即对学习内容或过程在认知上表现出厌倦，在情绪上表现出消极情感，在行为上表现出矛盾、拒绝甚至逃避。近年来，有学者结合双加工理论，提出了厌学的双加工模型，认为厌学在认知、情绪和行为三个层面上的表现均可以分为内隐和外显两种模式，当个体具有三个层面的外显特点时，厌学情况最严重。

（二）中小学生厌学的表现

1. 学业倦怠

学业需要或要求而导致精疲力竭（学业疲劳），越来越悲观的情绪以及对学业任务缺乏兴趣（学业冷淡），学业效率低下。有学者认为，学业倦怠是职业倦怠的延伸，即学生在学习过程中，由于课业负荷、升学或毕业压力及其他心理因素，表现出情绪衰竭、去个性化和个人成就感降低的状态。当学生的倦怠感逐渐上升或泛化时，这种倦怠对象可能演变为针对所有与学校相关的事物，即发展为"学校倦怠"。

2. 逃学与学校缺勤

如果厌学进一步发展，就可能演变为逃学。逃学经常被用于广义地描述那些在父母不知情的情况下故意缺席的行为。逃学有以下三点特征：

（1）学生一整天或一天中的部分时间不在学校，或者虽然在学校但不在适当的地点。

（2）这种缺席是在没有学校或教师允许的情况下发生的。

（3）学生通常试图向父母隐瞒自己没有上学的事实。

3. 学校恐惧症与学校焦虑

学校恐惧症指基于恐惧的学校缺勤（Fear-based Absenteeism），特指对学校某些特定环境产生非理性恐惧及强烈拒绝上学的情况，并将其归入儿童情绪障碍范畴。类似的概念还有学校焦虑，指学生对于即将在学校发生的事件（如考试、同学交往等）感到担忧和不安等。学校焦虑也会导致学生厌学或拒绝上学。

4. 学校拒绝与拒绝上学行为

学校拒绝指儿童或青少年的情绪障碍，特别是焦虑、恐惧或抑郁所导致的上学困难或回避上学的一种心理疾病。学校拒绝有时被用作焦虑性拒绝上学和逃学的总称。拒绝上学行为指儿童或青少年自发地拒绝去上学和/或难以整天坚持待在学校上课的行为。诱发拒绝上学行为的常见因素有以下几类：

（1）为了逃避会引起消极情感的学校刺激。

（2）为了逃避学校里的压力性社交和/或评价环境。

（3）为了追求重要他人的关注。

（4）为了追求学校外的具体强化物。

拒绝上学所导致的缺勤行为是出于学生主观意愿发生的，并不包含那些非学生自身动机（如身体原因、经济原因等）所导致的学校缺勤。

二、厌学行为的处置

以一个中学生的厌学行为为例。一名马上要参加中考的 15 岁男生处于厌学状态。他每天早上醒来都以肚子疼、头疼等为借口不去学校，这种情况已经持续两周了，去医院检查显示身体很健康，精神科医生的诊断为抑郁症。应该如何干预呢？

（一）保持价值中立，不被家长或教师误导

当学生出现厌学或拒绝上学行为时，家长或者教师很可能会表现得很焦虑，采取各种各样的手段（如说教或者批评等）催促孩子像其他孩子一样早日回到学校的正常学习生活中。咨询师常见的咨询误区就是按照学校或家长的期待对学生进行心理辅导。这样的工作往往会导致心理辅导失败，也会破坏与来访学生的关系。所以，咨询师一定要保持价值观的中立，不被家长和教师误导。

（二）弄清厌学背后的深层原因

导致中小学生厌学行为的原因是多种多样的，有的是因为人际交往问题，有的是因为学习压力问题，有的是因为考试焦虑，有的是因为自我价值感受损，有的是心理障碍如抑郁症、焦虑症等导致的。要对中小学生的厌学行为进行干预，首先要弄清厌学背后的真实原因。案例中的来访学生被医生诊断为抑郁症，这很可能是自我价值感受损导致的。虽然有医生的诊断，咨询师还是要进行一下评估。

（三）厌学问题的形成机制

根据某一心理咨询理论技术对厌学行为是如何形成的进行解释，即个案概念化，不同理论取向下的个案概念化是不同的。这里以认知行为疗法的个案概念化为例（见表 4 - 7）。

表 4 - 7　个案概念化案例表

认知	情境
核心信念	无能感，无用
中间信念（态度、假设、规则）	考不上重点中学就什么也不是
自动化思维	考试中遇到不会的就认为自己非常差劲

（四）认知行为矫正

1. 日程设置

向学生介绍认知疗法，询问其对认知疗法有多少了解。向其解释如何治

疗，并讨论治疗的规划、治疗的时间及家庭作业等。

2. 心境检查

可以通过学生自我报告的方式进行检查。询问来访者来之前的情绪状况，如："假如最好是 10 分，最糟糕是 0 分，你会给自己评多少分？"后面可以常常与这个分数做比较，这样能让来访者看到自己的进步和变化。

3. 教来访学生了解其认知模式

可以说："我们一起画个表，看看你不开心时发生了什么，你心里想的是什么。"（见表 4 - 8）

表 4 - 8　认知模式探索表

情境	头脑中的想法（意象）	情绪	行为
考试成绩差	别人一定会嘲笑我	不开心	厌学
严厉的老师上课提问	答错了的自己非常差劲	焦虑	厌学
……	……		

4. 认知重建

（1）在问题情境中找出不合理信念：捕捉信号词，假设来访者的核心信念。

（2）表达出不合理信念：帮助来访者表达其不合理信念。

（3）分析不合理信念的系统发展：个案概念化。

（4）改变不合理信念：这里需要指出两点，一是认知疗法的效果有赖于三种水平思维的改变，即自动化思维、中间信念及深层的核心信念都要进行重建；二是核心信念是很坚固的，需要不断强化。

5. 总结与反馈

强调会谈重点。可以由咨询师总结，也可以让来访者基于反馈，如"你觉得今天的会谈怎么样？"，自己总结，咨询师对来访者的反馈给予回应并进行合理调整，表现出对来访者的理解和共情。

6. 布置家庭作业

比如请学生自主完成三栏目表和 RET 自助表。

认知行为疗法对于干预抑郁、焦虑等情绪及调节人际关系问题也很有效，方法同上。

（作者：郭娟）

第十一节
其他常见适应性问题的识别与处置

一、抽动的识别与处置

（一）抽动的含义

抽动是发生在儿童期的一种肌肉抽动性疾病，常见于学龄前及学龄早期儿童，多发于 4～6 岁男孩，严重程度的峰值发生在 10～12 岁。抽动是一种突然、短暂、重复、刻板的一组肌肉或两组肌肉的抽动发作，包括抽动秽语综合征、慢性运动或发声抽动障碍和暂时性抽动障碍。

抽动表现为眨眼、挤眉、龇牙、做怪相、耸肩、转颈、点头、躯体扭动、手臂摇动或踢脚、下肢抽动等，情绪紧张时加剧，精神集中时减少，睡眠时消失。在一个时期以某一组肌肉抽动为主，表现为同一种症状；但在另一时期又表现出另一组肌肉的抽动。抽动的频率和严重程度不一，轻者对小学生学习和生活环境无影响，重者影响学习、扰乱环境，甚至不能在教室中上课。

如果上述症状持续一年以上可初步判断为抽动症。

（二）抽动的处置要点

儿童抽动常和家庭因素有关，比如父母对孩子提出的学习要求过高，进行过多的责备，家庭常发生争执等。心理干预的关键是如何教育和引导孩子，即管理训练，具体步骤为：

1. 告诉父母或教师有关抽动的知识，使其包容孩子的问题，别急于纠正，否则容易加剧抽动症状。

2. 教给父母或教师行为管理的原则和技巧。比如如何控制和调节自己的情绪、如何共情孩子、如何引导孩子等。

二、中小学生自我中心的识别与处置

（一）自我中心的含义

自我中心是指个体在认知和行为过程中倾向于以自我为中心，以自己的经验、态度、信念、感受等作为参照标准，影响了个体的社会交往、情感体验和问题解决等。

低龄儿童自我中心和其思维的发展水平有关，小学高年级学生及中学生的自我中心主要和家庭教养方式有关。

中小学生的自我中心表现为：遇事不冷静，容易走极端；不能正确对待成败得失；不会关心他人，不理解他人。

（二）自我中心的处置要点

1. 勿贴标签

低年级小学生的自我中心是由其认知发展水平有限引起的，不要轻易给孩子贴上"自私"的标签，要正确理解和引导孩子的行为。

2. 管理训练

对于中高年级的小学生及中学生，要培养其对应年龄的生活能力（比如整理自己的房间、刷碗等），教会家长正确的教养方式，过于严厉或过于放任都容易养育出自我中心的孩子，只有真正民主的教养方式才能培养出共情能力强的孩子。

3. 角色扮演

在学校里，可以通过校园情景剧或角色扮演的方式，引导中小学生从他人角度看待问题。

三、青春期厌食问题的识别与处置

（一）青春期厌食症

1. 青春期厌食症的定义

青春期厌食症是指在青春期内发生了厌食。这种厌食不是疾病引起的，也不是平常所说的"食欲不好"，而是由精神因素引起的，属神经性厌食范畴。整个发病过程大致可分为两个阶段：开始时对食物不感兴趣，后期则对食物产生神经性呕吐反应——食物一沾喉咙就呕吐，严重者一见到食物就会呕吐。多发生于青春期女性。

青春期有些性格内向、多虑、拘谨、刻板、敏感的少女会对身体形态的改变感到紧张，出现莫须有的心理负担。于是拼命节食，从限制饮食到厌食或拒食，可称为青春期厌食症，最后形成条件反射，一见食物就恶心。这会导致青春期少女迅速地因营养不良而过度消瘦、弱不禁风，甚至精神恍惚。该症状无法自行恢复，必须经医生治疗，否则有生命危险。

2. 青春期厌食症的表现

（1）认知上：认为自己太胖，必须限制饮食；或认为越瘦越美，欣赏并希望保持消瘦的身材。

（2）情绪上：体验着自责、焦虑、抑郁、喜怒无常等消极情绪，比如对体重增加的恐惧和焦虑，被父母逼着多吃一点儿就会出现后悔自责的心理及焦虑情绪。

（3）行为上：多有饥饿的感觉，却强迫自己主动拒食或过分节食，有的间歇性地暴饮暴食、催吐，常说谎、隐瞒其进食习惯等。

（4）生理上：体重低于正常标准或明显下降，出现水肿和胃肠道反应；体内缺乏脂肪，容易发冷、畏寒；月经减少或停止；不能解释的疲劳、失眠等；身体衰弱、脸色苍白。

（二）青春期厌食症的处置要点

1. 厌食与厌食症：评估厌食的严重程度，如果是厌食症必须到医院进行治疗。

2. 提供信息：提供不同年龄阶段青少年健康的身高、体重标准，让学生知道过低的体重是有害的。

3. 认知重建：来访学生的厌食主要和对自己身材的不合理认知有关，找到相关的不合理认知点，进行认知重建。

（作者：郭娟）

第五章

中小学生心理问题监测
预警与心理档案建设

第一节
学校心理评估的政策依据

一、《中小学心理健康教育指导纲要（2012 年修订）》对心理评估的要求

关于建立心理辅导室，文件指出：开展心理辅导必须遵守职业伦理规范，在学生知情自愿的基础上进行，严格遵循保密原则，保护学生隐私，谨慎使用心理测试量表或其他测试手段，不能强迫学生接受心理测试，禁止使用可能损害学生心理健康的仪器，要防止心理健康教育医学化的倾向。

二、《中小学心理辅导室建设指南》对心理评估的要求

关于监测心理健康状况，文件指出：了解和监测全体师生的心理健康状况、特点和发展趋势，及时发现问题，有效监控、防范和应对各种突发事件，减小危机事件对师生的消极影响。

三、《全面加强和改进新时代学生心理健康工作专项行动计划 (2023—2025 年)》对心理评估的要求

关于加强心理健康监测，文件指出：组织研制符合中国儿童青少年特点的心理健康测评工具，规范量表选用、监测实施和结果运用。依托有关单位组建面向大中小学的国家级学生心理健康教育研究与监测专业机构，构建完整的学生心理健康状况监测体系，加强数据分析、案例研究，强化风险预判和条件保

障。国家义务教育质量监测每年监测学生心理健康状况。地方教育部门和学校要积极开展学生心理健康监测工作。

关于开展心理健康测评，文件指出：坚持预防为主、关口前移，定期开展学生心理健康测评。县级教育部门要组织区域内中小学开展心理健康测评，用好开学重要时段，每学年面向小学高年级、初中、高中、中等职业学校等学生至少开展一次心理健康测评，指导学校科学规范运用测评结果，建立"一生一策"心理健康档案。高校每年应在新生入校后适时开展心理健康测评，鼓励有条件的高校合理增加测评频次和范围，科学分析、合理应用测评结果，分类制定心理健康教育方案。建立健全测评数据安全保护机制，防止信息泄露。

（作者：卜晓妹　盖笑松）

第二节
学生自陈途径的心理筛查

一、学生自陈途径心理筛查的优缺点

优点：学生对自己比较了解；便于实施。

缺点：存在社会期望效应、自我美化或自我掩饰。

二、轻生风险检测的心理测验

（一）测验简介

轻生意向是指出现轻生的想法。本节选取自杀意念量表（Self-rating Idea of Suicide Scale，SIOSS）的 10 个条目检测学生的轻生意向。

（二）测验题目

指导语：请你仔细阅读每一条，把意思弄明白，然后根据自己的实际情况，选择"是"或"否"。每一条都要回答，问卷无时间限制，但不要拖延太长（见表 5 - 1）。

表 5 - 1　轻生风险检测的心理测验题目

条目	是	否
1. 我时常感到悲观失望	1	0
2. 大部分时间，生不如死	1	0
3. 有时我觉得我真是毫无用处	1	0
4. 我的前途似乎没有希望	1	0
5. 我有轻生的想法	1	0
6. 我觉得我的生活是失败的	1	0
7. 我总是将事情看得严重些	1	0
8. 我曾经有过轻生的行动	1	0
9. 有时我觉得我就要垮了	1	0
10. 有时我有轻生念头，但又矛盾重重	1	0

（三）计分方法及分数解释

每个条目选择"是"记 1 分，选择"否"记 0 分，所有条目得分相加即为该量表的总分。总分≤3 表示几乎不存在自杀风险；总分为 4～5 分表示自杀风险较低；总分≥6 分表示自杀风险较高。

三、抑郁风险检测的心理测验

（一）测验简介

抑郁的主要临床特征是：连续且长期的心情低落。贝克抑郁量表第 2 版（Beck Depression Inventory-II，BDI-II）专门用于评估每种抑郁症状的严重程度，原始量表由评估 21 个症状的 21 个条目组成，该量表得到广泛应用。结合中小学生的发展特点，本节选取了其中的 20 个条目，涉及悲伤、悲观、失败感、无愉悦感、内疚感、惩罚感、自我嫌弃感、自责、轻生意向、哭泣、激越、兴趣缺乏、犹豫不决、无价值感、精力不足、睡眠改变、兴奋、食欲改变、注意困难、疲乏等症状。

（二）测验题目

指导语：本问卷有 20 组陈述句，请仔细阅读每个句子，然后根据你近两周（包括今天）的感觉，从每一组中选择一条最符合你情况的句子。如果一组中有两个以上句子符合你的感觉，请选择你感觉最强烈的一个。请注意，每组只能选择一个句子（见表 5 - 2）。

表 5 - 2　抑郁风险检测的心理测验题目

1. 最近两周内 □0 我不觉得悲伤 □1 很多时候我都感到悲伤 □2 所有时间我都感到悲伤 □3 我太悲伤或太难过，不堪忍受	2. 最近两周内 □0 我没有对未来失去信心 □1 我比以往更加对未来没有信心 □2 我感到前景黯淡 □3 我觉得将来毫无希望，且只会变得更糟
3. 最近两周内 □0 我不觉得自己是个失败者 □1 我的失败比较多 □2 回首往事，我看到一大堆的失败 □3 我觉得自己是一个彻底的失败者	4. 最近两周内 □0 我和过去一样能从喜欢的事情中得到乐趣 □1 我不能像过去一样从喜欢的事情中得到乐趣 □2 我从过去喜欢的事情中获得的快乐很少 □3 我完全不能从过去喜欢的事情中获得快乐
5. 最近两周内 □0 我没有特别的内疚感 □1 我对自己做过或该做但没做的许多事感到内疚 □2 在大部分时间里我都感到内疚 □3 我任何时候都感到内疚	6. 最近两周内 □0 我没觉得自己在受惩罚 □1 我觉得自己可能会受到惩罚 □2 我觉得自己会受到惩罚 □3 我觉得自己正在受到惩罚
7. 最近两周内 □0 我对自己的感觉同过去一样 □1 我对自己丧失了信心 □2 我对自己感到失望 □3 我讨厌我自己	8. 最近两周内 □0 与过去相比，我没有更多的责备或批评自己 □1 我比过去责备自己更多 □2 只要我有过失，我就责备自己 □3 只要发生不好的事情，我就责备自己

9. 最近两周内	10. 最近两周内
□0 我没有任何轻生的想法	□0 和过去比较，我哭的次数并没有增加
□1 我有轻生的想法，但我不会去做	□1 我比过去哭得多
□2 我想轻生	□2 现在任何小事都会让我哭
□3 如果有机会我就会轻生	□3 我想哭，但哭不出来
11. 最近两周内	12. 最近两周内
□0 我现在没有比过去更加烦躁	□0 我对其他人或活动没有失去兴趣
□1 我现在比过去更容易烦躁	□1 和过去相比，我对其他人或事的兴趣减少了
□2 我非常烦躁或不安，很难保持安静	□2 我失去了对其他人或事的大部分兴趣
□3 我非常烦躁不安，必须不停走动或做事情	□3 任何事情都很难引起我的兴趣
13. 最近两周内	14. 最近两周内
□0 我现在能和过去一样做决定	□0 我不觉得自己没有价值
□1 我现在做决定比以前困难	□1 我自叹不如过去有价值或有用了
□2 我做决定比以前困难了很多	□2 我觉得自己不如别人有价值
□3 我做任何决定都很困难	□3 我觉得自己毫无价值
15. 最近两周内	16. 最近两周内
□0 我和过去一样有精力	□0 我没觉得睡眠有什么变化
□1 我不如从前有精力	□1 我的睡眠比过去略少，或略多
□2 我没有精力做很多事情	□2 我的睡眠比以前少了很多，或多了很多
□3 我做任何事情都没有足够的精力	□3 我根本无法睡觉，或我一直想睡觉
17. 最近两周内	18. 最近两周内
□0 我并不比过去容易发火	□0 我没觉得食欲有什么变化
□1 与过去相比，我比较容易发火	□1 我的食欲比过去略差，或略好
□2 与过去相比，我非常容易发火	□2 我的食欲比过去差了很多，或好很多
□3 我现在随时都很容易发火	□3 我完全没有食欲，或总是非常渴望吃东西

续　表

19. 最近两周内 □0 我和过去一样可以集中精神 □1 我无法像过去一样集中精神 □2 任何事情都很难让我长时间集中精神 □3 任何事情都无法让我集中精神	20. 最近两周内 □0 我没觉得比过去累或乏力 □1 我比过去更容易累或乏力 □2 因为太累或者太乏力，许多过去常做的事情不能做了 □3 因为太累或者太乏力，大多数过去常做的事情都不能做了

（三）计分方法及分数解释

每个条目按照 0～3 计分，所有条目的得分求和即为该量表的得分。得 0～12 分为不抑郁，得 13～18 分为轻度抑郁，得 19～26 分为中度抑郁，得 27～60 分为重度抑郁。

四、焦虑风险检测的心理测验

（一）测验简介

焦虑以过分恐惧、担心为主要体验。焦虑自评量表（Self-rating Anxiety Scale，SAS）能够全面、准确、迅速地反映人们的焦虑症状。原始量表有 20 个条目，涉及焦虑、害怕、惊恐等 20 个相关症状和表现。结合中小学生的发展特点，本节选取焦虑量表的 10 个条目检测中小学生的焦虑风险，涉及焦虑、害怕、手足颤抖、躯体疼痛、心悸、手足刺痛、乏力、面部潮红和噩梦共 10 个与焦虑相关的症状。

（二）测验题目

指导语：请根据你最近一周的实际情况进行选择（见表 5-3）。

表 5 - 3　焦虑风险检测的心理测验题目

条目	无	偶尔	经常	总是
1. 我觉得比平时容易紧张和着急	1	2	3	4
2. 我无缘无故地感到害怕	1	2	3	4
3. 我手脚发抖打战	1	2	3	4
4. 我因为头痛、颈痛和背痛而苦恼	1	2	3	4
5. 我觉得心跳得快	1	2	3	4
6. 我手脚麻木和刺痛	1	2	3	4
7. 我感觉容易衰弱和疲乏	1	2	3	4
8. 我最近呼吸变得急促	1	2	3	4
9. 我脸红发热	1	2	3	4
10. 我做噩梦	1	2	3	4

（三）计分方法及分数解释

每个条目按照 1～4 分计分，所有条目的得分相加即为焦虑量表的总分。总分 0～19 分为焦虑水平正常，总分 20～24 分为轻度焦虑，总分 25～27 分为中度焦虑，总分 28～40 分为重度焦虑。

五、消极生活事件的心理测验

（一）测验简介

消极生活事件是指人面临或经历的会引起压力反应的生活事件，往往涉及环境改变、角色改变或被迫接受痛苦的体验。例如亲人离世、家庭破产、自己生病、遭受批评或惩罚、重要关系破裂等。本节借鉴青少年自评生活事件量表（Adolescent Self－Rating Life Events Check－list，ASLEC），分别选取小学和中学阶段发生频率较高的 20 个条目，其中有 19 个条目重合，最终共 21 个条目用于检测中小学生受消极生活事件的影响程度。

（二）测验题目

指导语：请仔细阅读每个条目，并思考在过去的 12 个月内，你或你的家人身上是否发生过下列事件。如果该事件没有发生过，请选择"未发生"；如果该事件发生过，请根据事件给你造成的影响程度，选择对应的选项。题目没有对错之分，请你根据第一反应如实作答（见表 5 - 4）。

表 5 - 4 消极生活事件的心理测验题目

条目	未发生	发生过，对我没有影响	发生过，对我有轻度影响	发生过，对我有中度影响	发生过，对我有重度影响	发生过，对我有极重影响
1. 被人误会或错怪	0	1	2	3	4	5
2. 受人歧视或冷落	0	1	2	3	4	5
3. 考试失败或不理想	0	1	2	3	4	5
4. 与同学或好友发生纠纷	0	1	2	3	4	5
5. 生活、饮食、休息等习惯明显改变	0	1	2	3	4	5
6. 不喜欢上学	0	1	2	3	4	5
7. 长期远离家人不能团聚	0	1	2	3	4	5
8. 学习负担重	0	1	2	3	4	5
9. 与老师关系紧张	0	1	2	3	4	5
10. 亲友患有急重病	0	1	2	3	4	5
11. 亲友死亡	0	1	2	3	4	5
12. 被盗或丢失东西	0	1	2	3	4	5
13. 当众丢面子	0	1	2	3	4	5
14. 家庭内部有矛盾	0	1	2	3	4	5
15. 预期的评选（如三好学生）落空	0	1	2	3	4	5
16. 受批评或处分	0	1	2	3	4	5
17. 升学压力	0	1	2	3	4	5
18. 与人打架	0	1	2	3	4	5
19. 遭父母打骂	0	1	2	3	4	5

条目	未发生	发生过，对我没有影响	发生过，对我有轻度影响	发生过，对我有中度影响	发生过，对我有重度影响	发生过，对我有极重影响
20. 家庭给你施加学习压力	0	1	2	3	4	5
21. 恋爱不顺利或失恋	0	1	2	3	4	5

（三）计分方法及分数解释

每个条目按照 0～5 分计分，所有条目得分相加即为总分。总分 0～20 分表示不受消极生活事件影响，总分 21～41 分表示轻度受消极生活事件影响，总分 42～62 分表示中度受消极生活事件影响，总分 63～105 分表示重度及以上受消极生活事件影响。

六、冲动倾向的心理测验

（一）测验简介

冲动是指不顾后果地对内外环境刺激做出快速的、无计划的反应。简式 Barratt 冲动性量表（BIS－11）是目前世界范围内使用最为广泛的测量冲动倾向的工具，量表分为自控力和冲动行为两个方面，共 8 个条目。

（二）测验题目

指导语：请根据自己的实际情况选择最合适的选项（见表 5-5）。

表 5-5　冲动倾向的心理测验题目

条目	从不	偶尔	经常	总是
1. 我认真地计划事情	1	2	3	4
2. 我做事不经考虑	1	2	3	4
3. 我不太专心	1	2	3	4
4. 我有自控力	1	2	3	4

续　表

条目	从不	偶尔	经常	总是
5. 我容易集中注意力	1	2	3	4
6. 我是一个深思熟虑者	1	2	3	4
7. 我说话不假思索	1	2	3	4
8. 我一时兴起就行动	1	2	3	4

（三）计分方法及分数解释

所有条目采用1～4分计分。条目1、4、5、6进行反向计分，即选择"1"记4分，选择"2"记3分，选择"3"记2分，选择"4"记1分。所有条目得分相加即为量表的总分，总分越高表示越易冲动。总分<13分表示不冲动，总分为14～19分表示轻度冲动，总分≥20分表示高冲动。

（作者：卜晓妹　盖笑松）

第三节
教师评定途径的心理筛查

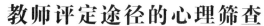

一、教师评定途径心理筛查的优缺点

优点：教师能从教育人员的专业视角出发进行评定；教师有大量接触学生的经验作为参照系。

缺点：一名教师要去评定数十名学生，工作量较大。

二、测验简介

本教师评定问卷共有 10 个条目，涉及内化问题、外化问题、精神症状 3 个方面，每个方面的具体含义和所包含的条目见下表（见表 5 - 6）。

表 5 - 6　教师心理筛查的 3 个方面及对应含义、条目

方面	含义	条目
内化问题	个体经历的一些不愉快或消极的情绪，主要指向自身内部，如抑郁、焦虑、孤独、自伤、低自尊等	1、2、3、4、5
外化问题	指向外部环境和他人，如攻击他人、行事冲动等	7、8、9、10
精神症状	表现为幻听/视、妄想；行为与场合不适宜等	6

三、测验题目

指导语：请判断每名学生在下列行为上的表现。如果"无此表现"，请在方框中填写"0"；如果"略有表现"，请在方框中填写"1"；如果"表现突出"，请在方框中填写"2"。

快捷做法提示：可以按照每一行的顺序填写，不要按照每一列的顺序填写（见表5-7）。

表5-7 教师评定途径心理筛查问题简表

条目	学生A	学生B	学生C	—	—	学生N
1. 郁郁寡欢						
2. 容易紧张						
3. 没人和他/她玩						
4. 自我伤害						
5. 似乎觉得自己不配得到跟同学们一样的权利和机会						
6. 行为古怪						
7. 攻击性强						
8. 容易冲动						
9. 过分好动						
10. 情绪容易爆发						

四、计分方法及分数解释

每个条目"无此表现"记0分，"略有表现"记1分，"表现突出"记2分。各方面所含题目得分之和即为该方面的得分。下表为各方面得分范围及分数解释（见表5-8）。

表 5 - 8　教师评定途径心理筛查分数解释简表

方面	得分范围	分数解释		
内化问题	0～10 分	0～2.49 分：无内化问题	2.5～7.49 分：轻度内化问题	7.5～10 分：重度内化问题
外化问题	0～8 分	0～1.99 分：无外化问题	2～5.99 分：轻度外化问题	6～8 分：重度外化问题
精神症状	0～2 分	0 分：无精神症状	1 分：略有精神症状	2 分：严重精神症状

（作者：卜晓妹　盖笑松）

第四节
家长评定途径的心理筛查

一、家长评定途径心理筛查的优缺点

优点：家长与学生的接触时间长，对学生的了解程度高。

缺点：家长对自己孩子的认知可能不够客观。

二、测验简介

本家长评定问卷共有 16 个条目，涉及内化问题、外化问题、精神症状 3 个方面，每个方面的含义以及包含的具体条目见下表（表 5 - 9）。

表 5 - 9　家长评定途径心理筛查的含义及对应条目

方面	含义	条目
内化问题	个体经历的一些不愉快或消极的情绪，主要指向自身内部，如抑郁、焦虑、孤独、自伤、低自尊等	1～11
外化问题	指向外部环境和他人，如攻击他人、行事冲动等	14～16
精神症状	表现为幻听/视、妄想；行为与场合不适宜等	12、13

三、测验题目

指导语：请结合您孩子最近的表现以及您家庭的实际情况，选择符合您孩子及您家庭真实情况的选项（见表 5‐10）。

表 5‐10　家长评定途径心理筛查测验题目

条目	很不符合	不太符合	拿不准	有点符合	很符合
1. 我的孩子时常不快乐，心情沉重或流泪	1	2	3	4	5
2. 我的孩子最近说起轻生的想法	1	2	3	4	5
3. 我的孩子对参与各种活动都没有兴趣	1	2	3	4	5
4. 我的孩子经常觉得自己一无是处	1	2	3	4	5
5. 我的孩子最近睡眠质量不好	1	2	3	4	5
6. 我的孩子最近食欲不振	1	2	3	4	5
7. 我的孩子注意力难以集中	1	2	3	4	5
8. 我的孩子最近心慌和气短	1	2	3	4	5
9. 我的孩子没有朋友	1	2	3	4	5
10. 我的孩子在电子设备上花的时间太多	1	2	3	4	5
11. 我的孩子出现过故意伤害自己的行为（如划伤/烫伤/刺伤/抓伤自己等）	1	2	3	4	5
12. 我的孩子总感觉有人要害自己	1	2	3	4	5
13. 我的孩子有时说能听到不存在的声音或者看到不存在的事情	1	2	3	4	5
14. 我的孩子脾气暴躁，容易与人争吵甚至打架	1	2	3	4	5
15. 我的孩子容易冲动	1	2	3	4	5
16. 我的孩子做事不经考虑	1	2	3	4	5

四、计分方法及分数解释

所有条目按照 1～5 分计分，各个方面所有条目得分之和即为该方面的得分。下表为各方面的得分范围及分数解释（见表 5 - 11）。

表 5 - 11　家长评定途径心理筛查分数解释简表

方面	得分范围	分数解释		
内化问题	0～55 分	0～27.49 分：无内化问题	27.5～38.49 分：轻度内化问题	38.5～55 分：重度内化问题
外化问题	0～15 分	0～7.49 分：无外化问题	7.5～10.49 分：轻度外化问题	10.5～15 分：重度外化问题
精神症状	0～10 分	0～4.99 分：无精神症状	5～6.99 分：略有精神症状	7～10 分：严重精神症状

（作者：卜晓妹　盖笑松）

第五节
同伴提名途径的心理筛查

一、同伴提名途径心理筛查的优缺点

优点：基于多数学生的日常观察，客观性强。

缺点：一是只能体现优点和缺点极其突出的两极学生的特点，而多数中等学生的分数缺乏区分度；二是计分部分的工作量较大。

二、测验简介

同伴提名途径的心理筛查共有 5 个条目，涉及内化问题、外化问题、精神症状 3 方面（见表 5－12）。

表 5－12　同伴提名途径心理筛查的含义及对应条目

方面	含义	条目
内化问题	个体经历的一些不愉快或消极的情绪，主要指向自身内部，如抑郁、焦虑、孤独、自伤、低自尊等	1、2
外化问题	指向外部环境和他人，如攻击他人、行事冲动等	4、5
精神症状	表现为幻听/视、妄想；行为与场合不适宜等	3

三、测验题目

指导语：挑选出最具备下列特点的同学（仅限于本班同学），最少选择 1 个人，最多选择 4 个人，不同的题目可以选相同的人，但是不可以选自己（见表 5 - 13）。

表 5 - 13　同伴提名途径心理筛查测验题目

条目	姓名 1	姓名 2	姓名 3	姓名 4
1. 经常显得不快乐的人				
2. 容易焦虑的人				
3. 行为有些古怪的人				
4. 容易发怒动手打架的人				
5. 容易冲动的人				

四、计分方法及分数解释

计算每个学生在每个题目上被提名的次数以及参加提名的总人数。各条目的得分按照公式（被提名次数/参加提名总人数）×4 计算。各方面的得分范围及分数解释见表 5 - 14。

表 5 - 14　同伴提名途径心理筛查的分数解释简表

方面	得分范围	分数解释	
内化问题	0～8 分	＜4 分表示该生的内化问题水平较低	≥4 分表示该生的内化问题水平较高
外化问题	0～8 分	＜4 分表示该生的外化问题水平较低	≥4 分表示该生的外化问题水平较高
精神症状	0～4 分	＜2 分表示该生无精神症状或略有精神症状	≥2 分表示该生有严重精神症状

（作者：卜晓妹　盖笑松）

第六节
"一生一策"心理健康档案建设

一、学生个人心理健康档案样例

表 5 – 15　学生个人心理健康档案样表

1. 学生基本信息					
省　　市　　区/县　　学校　　年级　　班级　　姓名　　性别　　出生年月					
2. 测试基本信息					
测试时间：					
3. 心理问题分析					
内化问题	外化问题	精神症状	……	……	其他心理特征
中度	重度	无			
4. 综合观察与访谈资料记录					
资料获取途径			记录内容		
心理健康教育教师的咨询记录					
班主任的平时观察报告					
科任教师的平时观察报告					
校内其他教师的补充观察报告					
家长的日常观察报告					
医院心理科诊断结果					

其他信息来源的报告	
综合上述信息后的判断与建议	

5. 总体判断与建议（*此处以重度问题预警学生为例，其他类别学生的建议参考后文"三、一生一策分类管理"部分*）

该生属于……问题预警学生。建议开展个别心理咨询，邀请班主任、家长与心理健康教育教师共同讨论学生状况，形成"综合观察与访谈资料记录"填入此报告（表格空间不足时可将相关内容附于表后）。需要与班主任定期沟通学生变化情况，建议该生的各科任课教师注意与该生的沟通方式，必要时可以邀请家长加强监护或推荐去本地医院心理科就诊；也可请班级心理委员重点关注和帮助该生。

6. 保密提示

本报告仅限学校心理健康教育教师查看，必要时可允许班主任、分管领导等校内密切相关人士浏览打印版；切勿向任何人传播电子版或截图，也不要通过其他途径泄露本报告中的数据和资料。

二、班级心理健康档案样例

表 5 - 16　班级心理健康档案样表

1. 班级基本信息

省　　市　　区/县　　学校　　年级　　班级

2. 测试基本信息

测试时间：_____

学生自陈完成数（实际完成人数/学生总数）：_____/_____人；

家长评定完成数（实际完成人数/学生总数）：_____/_____人；

教师评定完成情况（实际完成人数/学生总数）：_____/_____人；

同伴提名完成率【（实际完成人数/学生总数）＊100%】：_____%。

续 表

3. 学生总体情况

（1）三类心理状况学生占比图

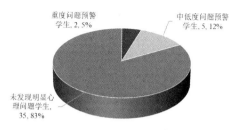

重度问题预警
学生，2, 5%

中低度问题预警
学生，5, 12%

未发现明显心
理问题学生，
35, 83%

（2）各类心理状况学生姓名表

心理状况分析	学生姓名
重度问题预警学生	张三、李四……
中低度问题预警学生	王五、杨二麻、赵六……
未发现明显心理问题学生	孙七……

（3）重度问题预警学生特征分析

姓名	内化问题	外化问题	精神症状	其他心理特征
张三	重	重	无	……
李四	无	重	中	……
……	……	……	……	……

4. 针对不同心理状况学生的对策与建议（可参考后文"一生一策分类管理"部分）

（1）对于重度问题预警学生，建议……

（2）对于中低度问题预警学生，建议……

（3）对于未发现明显心理问题学生，建议……

5. 保密提示

本报告仅限班主任教师查看，必要时可允许科任教师、心理健康教育教师、分管领导等校内密切相关人士浏览；切勿向任何人传播，也不要通过其他途径泄露本报告中的数据和资料。

三、"一生一策"分类管理

（一）重度问题预警学生的管理

对于重度问题预警学生，建议开展个别心理咨询，邀请班主任、家长与心理健康教育教师共同讨论学生状况，形成"综合观察与访谈资料记录"填入报告中。需要与班主任定期沟通学生变化，建议该生的各科任课教师注意与该生的沟通方式，必要时可以邀请家长加强监护或推荐去本地医院心理科就诊；也可以请班级心理委员重点关注和帮助该生。

（二）中低度问题预警学生的管理

对于中低度问题预警学生，建议发放学校心理咨询室邀请卡，引导学生接受校内心理健康教育教师的个别谈话，深入了解学生的心理状况和面临的挑战。如果确实存在问题，可考虑参与小群体团队心理辅导活动。

（三）未发现明显心理问题学生的管理

对于未发现明显心理问题的学生：一方面，对无问题和风险学生的教育重点在于通过班会活动或日常管理活动等培养和引导其发扬积极心理品质，反思自身性格弱点，优化人格结构；另一方面，对于具有较好品质学生的教育重点在于培养领袖品质，发挥辐射作用，可赋予其心理委员或秘密关爱天使等角色并引导其发挥作用。

（作者：卜晓妹　盖笑松）

第七节
心理测评的伦理及注意事项

一、《中国心理学会临床与咨询心理学工作伦理守则（第二版）》中的要求

心理测量与评估是咨询与治疗临床工作的组成部分。心理师应正确理解心理测量与评估手段在临床服务工作中的意义和作用，考虑被测量者或被评估者的个人特征和文化背景，恰当使用测量与评估工具来增进寻求专业服务者的福祉。

5.1 心理测量与评估的目的在于促进寻求专业服务者的福祉，心理测量与评估的使用不应该超越服务目的和适用范围，心理师不得滥用心理测量或评估。

5.2 心理师应在接受过心理测量的相关培训并具备适当的专业知识和技能之后，方可实施相关测量或评估工作。

5.3 心理师在利用某测验或使用测量工具进行计分、解释时，或使用评估技术、访谈或其他测量工具时，应根据测量的目的与对象，采用自己熟悉的、已经在国内建立并证实了信度、效度的测量工具。如果没有可靠的信度、效度数据，需要对测验结果及解释的说服力和局限性做出说明。

5.4 心理师应尊重寻求专业服务者对测量与评估结果进行了解和获得解释的权利，在实施测量或评估之后，对测量或评估结果给予准确、客观、可以被对方理解的解释，避免其对测量或评估结果的误解。

5.5 未经寻求专业服务者的授权，心理师不得向非专业人员或机构泄露其

相关测验和评估的内容与结果。

5.6 心理师有责任维护心理测验材料（指测验手册、测量工具和测验项目等）和其他评估工具的公正、完整和安全，不得以任何形式向非专业人员泄露或提供相关测验或评估不应公开的内容。

二、《心理测验工作者职业道德规范（中国心理学会，2015.05）》中的要求

凡以使用心理测验进行研究、诊断、安置、教育、培训、矫治、发展、干预、选拔、咨询、就业指导、鉴定等工作为主的人，都是心理测验工作者。心理测验工作者应意识到自己承担的社会责任，恪守科学精神，遵循下列职业道德规范：

第1条　心理测验工作者应遵守《心理测验管理条例》，自觉防止和制止测验的滥用和误用。

第2条　心理测验工作者必须具备中国心理学会心理测量专业委员会认可的心理测验使用资格。

第3条　中国心理学会坚决反对不具有心理测验使用资格的人使用心理测验；反对使用未经注册或鉴定的测验，除非这种使用出于研究目的或者是在具有心理测验使用资格的人监督下进行。

第4条　心理测验工作者应使用心理测量学品质好的心理测验。

第5条　心理测验工作者有义务向受测者解释使用测验的性质和目的，充分尊重受测者的知情权。

第6条　使用心理测验需要充分考虑测验结果的局限性和可能的偏差，谨慎解释测验的结果和效能，既要考虑测验的目的，也要考虑影响测验结果和效能的多方面因素，如环境、语言、文化、受测者个人特征、状态等。

第7条　应以正确的方式将测验结果告知受测者。应充分考虑到测验结果可能造成的伤害和不良后果，保护受测者或相关人免受伤害。

第8条　评分和解释要采取合理的步骤确保受测者得到真实准确的信息，避免做出无充分根据的断言。

第9条　应诚实守信，保证依专业的标准使用测验，不得因为经济利益或其他任何原因编造和修改数据、篡改测验结果或降低专业标准。

第10条　开发心理测验和其他测评技术或测评工具，应该经由经得起科

学检验的心理测量学程序，取得有效的常模或临界分数、信度、效度资料，尽力消除测验偏差，并提供测验正确使用的说明。

第 11 条　为维护心理测验的有效性，凡规定不宜公开的心理测验内容如评分标准、常模、临界分数等，均应保密。

第 12 条　心理测验工作者应确保通过测验获得的个人信息和测验结果的保密性，仅在可能发生危害受测者本人或社会的情况时才能告知有关方面。

第 13 条　本条例自中国心理学会批准之日起生效，其修订与解释权归中国心理学会心理测量专业委员会。

第六章

中小学生心理危机的

干预处置

第一节
中小学生心理危机干预处置的必要性

一、国家、省市文件的政策要求

按照时间线梳理国家通知文件中关于心理危机排查与处置的相关要求和内容如下。

2012 年，教育部在《中小学心理健康教育指导纲要（修订）》中提出，要树立危机干预意识，对个别有严重心理疾病的学生，能够及时识别并转介到相关心理诊治部门。

同年，全国教育科学"十二五"规划课题把"中小学生心理健康标准与测评系统研究"作为一般课题列入指南。

2015 年，教育部印发《中小学心理辅导室建设指南》（教基一厅函〔2015〕36 号），提出要了解和监测全体师生的心理健康状况、特点和发展趋势，及时发现问题，有效监控、防范和应对各种突发事件，减小危机事件对师生的消极影响；提出要明确心理危机干预工作流程，出现危机事件时能够做到发现及时、处理得当，给予师生适当的心理干预，预防因心理危机引发的自伤、他伤等极端事件的发生。

2016 年 12 月，国家卫生计生委、中宣部等 22 部委联合印发《关于加强心理健康服务的指导意见》，强调要全面加强儿童青少年等重点人群的心理健康服务，建设包括心理测评和档案管理系统在内的社会服务体系。

2020 年，针对抑郁在青少年中呈现上升趋势的问题，国家卫健委印发《探索抑郁症防治特色服务工作方案》，提出把开展筛查评估作为六大重点任务之一，要求相关部门开展线上线下多种形式的抑郁症排查。

2021年，教育部办公厅发布《关于加强学生心理健康管理工作的通知》，提出加强过程管理，提升及早发现能力，包括做好心理测评工作、强化日常预警防控；还指出加强结果管理，提高心理危机事件干预处置能力，包括构建家校协同干预机制、争取专业机构协作支持、做好学生突发事件善后工作。

2023年4月，教育部等十七部门印发了《全面加强和改进新时代学生心理健康工作专项行动计划（2023—2025年）》，提出地方教育部门和学校要积极开展学生心理健康监测工作，定期开展学生心理健康测评；还指明要及早发现学生严重心理健康问题，网上网下监测预警学生自伤或伤人等危险行为，畅通预防转介干预就医通道，及时转介、诊断、治疗。

二、维护中小学校园安全的现实需求

中国科学院心理研究所发布的《中国国民心理健康发展报告（2019—2020）》显示，青年期的心理健康问题较为多发，我国青少年抑郁检出率为24.6％，其中重度抑郁为7.4％，检出率随着年级的升高而升高。小学阶段的抑郁检出率为一成左右，其中重度抑郁的检出率约为1.9％～3.3％；初中阶段的抑郁检出率约为三成，重度抑郁的检出率为7.6％～8.6％；高中阶段的抑郁检出率接近四成，其中重度抑郁的检出率为10.9％～12.5％。

《2022国民抑郁症蓝皮书》显示，我国18岁以下抑郁症患者占总人数的30.28％。在抑郁症患者群体中，50％的抑郁症患者为在校学生，41％曾因抑郁休学。

青少年面临的自残和自杀风险极高。青少年正处于生长发育的关键期，面临的心理冲突比童年期更多、更激烈，因而青少年容易受到精神卫生问题的影响。自杀是严重的心理危机表现之一。就全球范围来看，自杀是致使青少年死亡的首要因素，青少年自杀人数占全部青少年死亡人数的8.5％。我国每年死于自杀的青少年人数达万余人，占所有死亡的19％，自杀是15～34岁人群的首位死因。2019年国内的一项调查显示，自杀是14～19岁青少年死亡的主要原因之一。2020年，中国约有8万人死于自杀，其中青少年占3000人；青少年群体中，自杀死亡的人数仅次于交通事故丧生的人数，自杀成了青少年死亡的第二大原因。可见，青少年是自杀的高危人群。

青少年自杀发展趋势不容乐观。在过去的十年里，尽管我国总体的自杀率出现了大幅度的下降，从 2010 年的 10.88/10 万下降到 2021 年的 5.25/10 万，但青少年的自杀率每年在以差不多 10％的速度上涨。

这很符合当下我国中小学校园心理危机事件的实际情况。近年来我国发生的心理危机事件具有低龄化趋势。最早是大学生中多发心理危机事件，随着时间推移，慢慢泛化到高中生、初中生，现在全国不少学校甚至出现了小学生心理危机事件。危机事件在初中学段表现最为严重。因为初中阶段正值青春发育期，身心发展的不平衡性与矛盾性特别明显，此时主管情绪的大脑中枢还没发展好，初中生容易情绪化，做出自杀自残的冲动性行为。且从进入初中开始，中学生要面对繁重的学业压力和中考压力，亲子冲突和人际矛盾突出，如果不及时解决，极易发展为心理问题，甚至发生心理危机事件。

中小学生自杀死亡会给家庭带来极大的痛苦，是一个严重的公共卫生问题。为有效预防和减少心理危机事件发生，定期开展心理普查与危机筛查，及时解决学生心理问题，促进学生身心健康发展和校园安全稳定，加强中小学生心理危机干预工作迫在眉睫，也成为当前中小学心理健康教育的重要内容之一。

（作者：周茹）

第二节
如何科学地开展危机排查

一、动静结合的危机排查方式

危机排查的方式主要包括心理测评的静态筛查法与日常生活中的动态观察排摸法两种。

二、动静结合危机排查的优势

心理测评的静态筛查法与日常生活中的动态观察排摸法相结合的动静结合危机排查方式，是心理危机预防与干预体系中，基于了解、筛查、监控的必要科学排查手段，具有如下优势。

（1）测评结果专业、客观

采用的心理量表是经专业人员编制、校验的，信效度可靠，且建立了全国常模的专业测评工具，每一个量表都有规范的指导语、题目、选项、计分方式、结果分析。即便施测的教师不是心理学专业毕业，心理学专业功底不深厚，只要其组织得当，统计准确，测量结果同样相对可靠、客观。

（2）测评过程快速、高效

运用心理量表可以在全校、全年级实施大范围统一测评，耗时少，方便组织，效率高。

（3）测评结果效益最大化

只要组织得当、学生认真作答，通过心理测评可及时了解学生心理发展状况，动态监测心理健康水平，并能够根据实际需求筛查具有特定心理问题的高危学生，预警风险因子。同时，合理运用心理测评的团体结果，能为整个学校的学生心理发展指导、心理咨询与危机干预提供依据，为科学研究与教育教学提供参考。

（4）便于建立动态心理档案

测试结束后，可以导出收集到的全部学生信息，比如学生家庭结构、家庭关系等各种人口学信息，以及每一次测评的结果，这可以作为学生动态的个人心理健康档案。

（5）降低专业压力和工作压力

通过心理测评，层层聚焦，逐步缩小风险人群，既不用大范围地逐个开展面谈评估和观察，提高危机排查的效率，又能减少对专兼职心理健康教育教师专业水平的依赖，减轻专兼职心理健康教育教师的工作压力和专业压力。

（6）完善了危机识别系统

心理危机具有隐蔽性，并非学生的所有心理危机都能在日常生活中被身边的人发现、识别和观察出来，很多时候人们容易忽视学生表现出的危机信号，所以，运用心理测评的静态筛查法完善了学生心理危机识别系统。

心理测评是中小学校危机排查与评估的辅助方式和有效工具，测评结果并不是唯一手段和绝对依据。科学的危机排查方式，除了参考静态筛查的心理测评结果外，还会结合校领导、班主任、学科教师、班级心理委员等的日常观察，以及心理健康教育教师在日常心理健康教育课、心理咨询、心理信箱等工作中的发现，综合识别、发现心理行为异常的学生。即便这部分学生的心理测评结果未预警，学校也要按照危机筛查与评估的工作流程，重点关注，分类干预，避免遗漏和误判。

三、危机排查的时间节点

学校可定期开展心理普查和心理危机排查的静态心理测评，持续进行日常动态观察，尤其应在居家返校复学、春秋两季开学、重大考试前后等关键时间节点，重点进行动态观察的危机排摸。

四、通过静态心理测评排查心理危机

（一）心理测评的时间

学生的心理发展遵循一定的规律，而且具有连续性，所以，一次心理测评可以反映其一段时间的心理状态。但学生的生活是动态变化的，每个人在不同阶段可能遭遇不同的重大生活事件，如身边重要关系破裂、学业受挫、家庭结构发生变化等等，这使学生的心理状态也发生着动态变化。所以，中小学校（小学从四年级或高年级起）每学年开学初应开展一次覆盖全体学生的心理普查，并在心理普查基础上，进一步开展危机排查的心理测评，如对心理普查阳性人员专门开展自杀倾向测评或抑郁情绪测评。

（二）心理测评的施测人员及相应职责

1. 心理健康教育教师的职责

（1）请示部门领导，寻求学校各方力量的支持与协助。

（2）事先准备《学生心理健康普查与危机排查知情同意书》，由班主任下发并回收后整理归档。

学生心理健康普查与危机排查知情同意书（模板）

近年来，受多种因素影响，学生心理问题呈上升趋势，心理危机事件时有发生。为及时了解学生心理状况，促进学生身心健康发展，维护学生生命安全，有效预防和减少学生心理危机事件发生，学校将于×月×日～×月×日开展学生心理健康普查与危机排查。具体情况如下：

1. 调查方式：采用科学、权威的问卷，扫码问卷星完成施测。

2. 测验介绍：《学生心理健康综合测量（MHT）》，了解学生当前的心理健康状态与心理特点。《抑郁筛查量表》，综合评估学生当前的心理健康水平和危机状态。

3. 测查地点：学校机房。

4. 测查目的：测评结果不作为任何评价的依据，不记入学籍档案，仅为了解学生心理状况和特点，促进学生心理健康，保障学生生命安全。

5. 隐私保护：调查项目参与者承诺将严格保密收集到的所有资料信息，尊重每一个学生的隐私，非必要情况，不会突破保密原则。如在调查中发现您的孩子存在严重的伤害自己及他人风险，学校将在第一时间告知您，我们共同促进孩子的健康成长。

续　表

孩子的快乐学习、健康成长是我们共同的愿景！感谢您的支持与配合！

×××学校

×年×月×日

回　执

学校已下发《学生心理健康普查与危机排查知情同意书》给我，我认真阅读了解内容，同意孩子参加学校心理健康普查与危机排查。

学校名称：＿＿＿＿＿＿＿　　班　　级：＿＿＿＿＿＿＿

学生姓名：＿＿＿＿＿＿＿　　家长签字：＿＿＿＿＿＿＿

（此回执由学校心理咨询室保管）

（3）选定心理测评量表。

（4）准备测评实施前的专业培训。

（5）心理测评结束后，可以酌情向班主任或校领导反馈心理测评结果。

心理测评结果反馈书（模板）

＿＿＿＿班班主任：

我校于＿＿＿年＿＿＿月＿＿＿日～＿＿＿年＿＿＿月＿＿＿日对本校学生开展了心理测评工作，现就测评情况汇报如下。

【测验介绍】（示例）

《学生心理健康综合测量（MHT）》

《学生心理健康综合测量（MHT）》是由华东师范大学心理学系教授周步成和其他心理学科研究人员，根据日本铃木清等人编制的《中小学生不安倾向诊断测验》修订而成的，可用于综合检测中小学生的心理健康状况。本测验共有100个项目，这100个项目中含有8个内容量表和1个效度量表（即测谎量表）。8个内容量表分别测量学生的学习焦虑、社交焦虑、孤独倾向、自责倾向、过敏倾向、身体症状、恐怖倾向、冲动倾向。如果该量表分超过65分，就表明被试可能存在一定的心理困扰，需要身边人给予更多的理解与支持。

《儿童抑郁障碍自评量表（DSRS）》

《儿童抑郁障碍自评量表》由Birleson于1981年编制，是用于评估当前抑郁症状和抑郁病史的自评量表。2003年中南大学附属湘雅二院苏林雁等人修订并编制了全国标准化常模，适用于8～16岁儿童青少年自评抑郁障碍。

《PHQ-9抑郁症筛查量表》

《PHQ-9抑郁症筛查量表》是20世纪90年代由哥伦比亚大学依据DSM-IV抑郁症的

9项症状标准编写的9条目自我测试工具。近年来,《PHQ-9抑郁症筛查量表》因简单易懂,操作方便,易掌握等优点被广泛应用于临床,是国际通用的抑郁检测量表之一,也是国家卫健委官网发布的《探索抑郁症防治特色服务工作方案》中指定的抑郁症筛查量表。

【测验结果】

你班共有　　　　名学生参加测试,有效测试为　　　　份。

学生心理预警预备名单

序号	学号	姓名	性别	MHT总分≥65	因子分≥8	DSRS总分≥15	PHQ-9≥10
例:	180325	林某	男	75	冲动8	17	14
1							
2							
3							
4							
5							

【处理建议】

1. 请班主任对心理预警预备名单(心理测评结果不能作为评估的唯一依据,所以只能作为预警预备名单)中的学生予以积极关注和肯定鼓励。

2. 结合学生平时表现,在以上学生中确定需要进一步接受危机排查的学生名单。

3. 个别学生如有需要,可推荐其做心理辅导。

4. 本次测验结果仅供参考,不能作为心理问题诊断的依据,请班主任注意对学生保密。

2. 学校职责

学校应对相关工作进行统筹安排,如召开班主任告知会,校领导出席,说明心理测评的重要性,强调全校配合,明确人员分工与责任划分,确定工作进度与时间节点。

3. 班主任职责

班主任打印、发放、回收纸质知情同意书。如果有家长不签字,班主任要沟通联络、确认并尊重其选择。班主任还要组织测评过程,如指定作答的截止时间,在班级群内组织接龙打卡,跟进学生完成心理测评的进度等。

4. 信息技术教师职责

协助心理健康教育教师进行数据处理。

5. 测评结果使用与反馈

（1）任何心理测验都存在一定程度的误差。

（2）通常情况下，心理健康普查结果不需要学生查看，当必须向学生解释测试结果时，需要参照日常生活中学生的实际表现，呈现和解释测试结果。

（3）筛选结果阳性只能说明从测试结果来看被试可能存在一定程度的心理问题倾向或症状，并不能说明被试一定患有心理疾病。只有经专业的精神科医生面谈后，才能参照相应疾病诊断标准做出诊断。

（4）个人报告属机密文档，未经许可，不得传阅；仅供相关个人参考，不作为诊断证明使用。

五、通过动态观察识别危机征兆

（一）寻找危机征兆的途径

1. 在日常观察中，发现学生的心理、行为异常。

2. 留意学生周记/作文/美术作品中的信息。

3. 定期与学生交谈，了解学生的生活事件。

4. 从其他同学/社交网络中获得相关讯息。

5. 查阅学生档案，留意可能出现的危险及保护因素。

6. 与家长会面或在有必要时家访。

7. 学生筛查问卷。

（二）危机征兆的主要类型

1. 与死亡和自杀有关的举动

（1）在言谈、文章或美术作品中表达死亡或自杀的意念。直接或间接表达寻死、逃避或永别的念头。

（2）从不同渠道（如朋辈、互联网等）收集、探索和考虑各种自杀方法。

（3）安顿好与自己相关的各种事情。

（4）像要诀别般地同家人/朋友说再见。

2. 生理症状

（1）劳累及疲倦。

（2）越来越多的身体不适症状，如头痛、胃痛、身体痛等心因性疾病。

（3）睡眠或饮食习惯改变，如早醒、做噩梦、饮食失调、不吃东西。

（4）反常地不注重个人卫生/外表仪容。

3. 情绪症状

（1）怨恨自己、脾气暴躁、爱发脾气、情绪化，好挑衅/攻击别人。

（2）终日闷闷不乐，容易落泪。

（3）过度的恐惧或忧虑。

（4）强烈的愧疚感、羞耻感、无价值感。

（5）情绪匮乏或麻木。

（6）对以往喜爱的事物失去动力或兴趣。

4. 行为症状

（1）学习退步：成绩及学业表现突然下滑；无心向学，上课时打瞌睡；无法完成课业或交出比平时差的作业；缺席或逃学次数增加。

（2）离群孤立：退出体育活动及社团；疏远朋友及家人；越来越孤立及渴求独处；越来越冲动和好挑衅他人；经常在校内闹事；与朋友及家人的冲突增加。

（3）尝试会导致死亡的冒险行为；滥用药物或酗酒程度加剧；屡次做出伤害自己的行为。

5. 认知症状

（1）认知功能减弱：日常生活混乱；难以集中精神或保持思路清晰；感到迷惘，易生意外，丢三落四。

（2）无望及无助的想法：萌生事情永不会变好或改变的想法；看不到生命的意义或活下去的理由。

（3）自我批评的想法：看不到自我价值；认为自己是他人的负担。

（作者：周茹）

第三节
开展面谈鉴别评估，确定危机等级

一、面谈鉴别评估的流程

学校所有人员对学生心理危机都负有首见报告的责任和义务。学生心理危机"第一发现人"须及时报告学校危机干预工作组，启动必要的评估、预防和干预工作。

评估筛查，预警建库。心理健康教育教师要对当事学生进行危机鉴别评估，如果评估结果显示学生未处于危机状态，应协助班主任进行跟踪关怀；如果评估结果显示学生处于危机状态，要评估心理危机等级，建立心理危机预警库，必要时可邀请危机干预专家或精神医疗专家参与评估指导（见表6-1）。

表6-1　学生心理危机鉴别评估的基本流程

流程	工作内容
1	成立评估小组，启动评估工作
2	确认评估对象（心理测评得分高、心理或行为异常、出现危机征兆者）
3	确定评估方法（面谈评估）
4	做好评估反馈表，建立危机预警库
5	预警（向危机领导小组、校领导、相关处室负责人、年级组长和班主任等必要相关者反馈预警信息）
6	上报（将高危学生名单上报至上级责任部门）

二、面谈鉴别评估的工作指南

（一）明确鉴别评估的目的，厘清自己的角色和限制

一方面，面谈鉴别评估不是心理咨询，其核心在于确认学生的危机状态，应利用稳定化技术等保障学生的安全。另一方面，心理健康教育教师/学校工作人员并非精神健康专家，与学生面谈前，应认清自己的角色和限制（见表6-2）。

表6-2　面谈鉴别评估目的要点表

与学生面谈鉴别评估的目的是	与学生面谈鉴别评估的目的不是
表达关心，让学生知道他不是孤立无援的，运用稳定化技术等保障学生的安全	立即开展心理咨询和辅导
收集信息，评估心理危机水平	尝试诊断或医治他们的心理健康和精神健康问题
提供专业支援以解决复杂问题	尝试独立为学生解决问题，不向其他人员寻求支援

（二）在最小披露原则下，约定合适的时间和地点面谈

1. 确保找到合适的时间，让你和学生有充足的时间倾谈不同事情（通常为50～60分钟，不超过1.5小时）。

2. 避免在学生遭受困扰或愤怒时面谈。

3. 在心理咨询室开展面谈。

4. 约谈时尽可能保密。

（三）与学生建立良好关系

可通过言语、表情、身体姿势等，展现出真诚、关心的态度和专业能力，获取学生的信任感、认同感。

1. 主动聆听学生的陈述

适时点头、微笑，语言上用"嗯、哦、是这样"等轻微鼓励，眼睛看向学

生，身体倾向学生，全神贯注地倾听来访学生的陈述，并向他/她重述你听到的信息，以确保你的理解是正确的，同时让他/她感到获得接纳。例如：听起来你似乎正处于非常困难的时刻，找不到出路。

2. 遵循"四不二重"的沟通原则

"四不二重"即不分析、不判断、不评价、不指责，重陪伴、重守护。遵循这样的沟通原则，尽量避免抒发己见、妄下定论或与学生争论其观点的对错，尝试从他/她的角度理解问题，有助于向学生表达同理心。例如：我发现你十分愤怒，你觉得别人都对你不公平。

3. 表示理解对方的感受

先向学生表示理解其感受，这比给予建议和指示更加重要。例如：我明白你对这件事感到绝望，也许有一些解决方法是我们仍未想过的。

（四）与学生展开对话

1. 建立关系，表达关心：让学生感受到你对他/她的关心和担忧。你可以说出你的观察，并请学生分享更多他/她现在的处境。避免使用带有批评或指责意味的话语。

2. 利用开放式提问：利用开放式提问，让学生讲述更多自己的处境，如可以先慰问其健康状况或日常情况。

3. 了解学生的自杀动机：尝试多了解学生的想法，特别是学生自杀背后的意图。较深入地了解学生自杀行为背后的动机，有助于对症下药，为开展介入工作、消除学生的自杀驱动力提供重要的线索及方向。

4. 善用沉默，表达理解与关心：面对沉默的学生，要懂得节制，善用沉默技术，促使学生主动打破沉默。除非你注意到学生有实时危机（根据初步评估的结果），否则可以告诉学生即使他/她当下不想讨论问题亦无须介怀。你可重申自己在关心对方，并告诉他/她可以在什么时间和地点向谁寻求支持。有些学生可能需要一段时间才能打开心扉，因此你或许需要在一段时间后再跟进他们的情况。

（五）面谈鉴别评估的保密事宜

与有自杀念头的学生交谈时，不要一味地答应为他们保守秘密，最重要的是保障学生的安全。换言之，有必要在遵循最小披露原则的情况下，与学生家长、学校危机干预工作组同步信息，他们的介入有助于及时为学生提供支持和协助。

同时，应注意遵循突破保密原则、强制报告原则。

突破保密原则：倾向必报、计划必管。

强制报告原则：强制报告的 3 种情况包括严重自伤或自杀行为、被性侵或虐待、法律规定必须披露的内容。

要表示对学生隐私的尊重，防止破坏咨访关系，影响学生对心理工作的认同感和安全感。所以，应说明和强调最小披露的范围、对象，原因和价值，争取学生的同意。

（六）面谈鉴别评估时要做自杀风险评估

在进行自杀风险评估时，切勿犹疑于应否提及"自杀"一词。直截了当地询问不会催化自杀风险；相反，不予回应会加重学生的羞耻感和恐惧感，甚至可能错失制止自杀行为的机会。

在大多数情况下，自杀风险评估应由学校心理健康教育教师或相关精神健康专业人员进行。不过，当怀疑学生有很高风险会做出自杀行为且未能及时找到专业人员时，也要即刻评估学生的自杀风险，以便制订实时计划以确保学生的安全（例如入院）。

在进行自杀风险评估时，应直接就自杀问题进行提问，以明确找出学生是否有自杀想法、意图或计划。你应以缓慢、温柔、平静的语气询问，并表示理解学生的痛苦。

（七）面谈鉴别评估的内容与话术

1. 自杀意念

自杀意念越强烈和持久，最终自杀的风险就越高。为确认学生自杀念头的性质及危险性，应询问有关问题以了解其严重程度、次数、维持的时间段及持续时长。

如果学生最初否认有自杀念头，但你觉得他/她可能处于中高危水平，可询问他/她对未来的感觉、对未来是否有任何计划。考虑自杀的学生可能相信情况永远不会有所改善，显得沮丧和绝望。

如果学生表示有自杀念头，便应直接发问有关自杀意念及他/她对死亡的期望与决心的具体问题。自杀意念越清楚明显，自杀的风险就越高。举例来说，如学生表示他/她觉得没有理由生存下去或相信没有事情可以改变他/她的意愿，其轻生或离开世界的决心就强烈，自杀风险便很高。

提问范例：

（1）在什么情况下，你会感觉活着没意义？

（2）你对未来有什么感觉和计划？

（3）你想了结此生的感觉有多强烈？

（4）什么时候想过自杀？当时发生了什么？

（5）想自杀的频率是多久？

（6）想自杀的念头产生后会持续多久？

（7）何时第一次想到自杀？

2. 自杀计划

一般而言，自杀计划越详细和具体，自杀风险便越高。自杀风险的评估一般包括以下方面：

（1）所选择的方法（杀伤力越大，风险越高）。

（2）接触自杀方法或所需工具的容易程度（越轻易接触到的自杀方法，风险越高）。

（3）当事人对自杀方法杀伤力的看法（即使他选择的方法未必足以致命，但只要当事人主观地相信该方法能够致命，也能反映他有寻死意图）。

（4）获救机会（他人介入的机会越低，风险越高）。

（5）当事人为实行自杀计划已执行的步骤（步骤越具体，风险越高）。

（6）当事人对死亡的准备（准备得越多越充分，风险越高）。

提问范例：

（1）你思考过哪些自杀方法？

（2）你还考虑过什么方法？

（3）你为自杀定下了什么时间和地点？

（4）你为实行自杀计划准备了哪些所需的物品？执行了哪些行动？还需要做哪些准备？

3. 自杀企图

以往曾企图自杀，是一项最重要的自杀危险因素。可以询问学生是否曾经企图自杀。曾使用的自杀工具杀伤力越强、自杀次数越多、自杀时间越近，自杀的风险越高。

提问范例：

（1）你是否曾经寻死？

（2）那次事件发生在何时？当时发生了什么事情？你是用什么方式自杀的？是什么让你没有自杀成功？获救后你有什么感受和想法？

（3）最近的一次自杀发生在何时？当时发生了什么？你是用什么方式自杀的？是什么让你没有自杀成功？获救后你有什么感受和想法？

三、评估危机等级

（一）收集辅助资料

除了与当事人直接面谈鉴别外，还应从家长、科任教师、生活教师、同学等熟悉当事人的其他人处收集更多关于当事人的信息，以便对当事人的历史和现状有更全面的了解。

（二）填写《中小学生心理评估综合反馈表》（表 6-3）

心理危机等级可以分为低、中、高三个层次。

1. 低危：主要指有自杀意念，但无自杀计划、自杀准备、自杀演练、自杀尝试史的学生。

2. 中危：主要指有自杀意念及自杀计划，但无自杀准备、自杀演练及自杀尝试史，且社会支持资源比较好的学生。

3. 高危：主要是指不仅有自杀意念、自杀计划，还有自杀准备、自杀演练，甚至曾有过自杀尝试史或自杀未遂史，社会支持资源差的学生。

表 6 - 3　中小学生心理评估综合反馈表

中小学生心理评估综合反馈表
学生姓名：_____　　　性别：_____　　　班级：_____
父母婚姻：□在婚　　　　□离异　　　　　□再婚
亲子关系：□亲近亲密　　□冲突争吵　　　□冷漠疏远
评估小组人员：_____
填表日期：_____
A. 心理健康普查结果
（记录该生的测试时间、第几次、测试方式、测试预警总分及各因子分情况）
B. 班主任、教师、同学、心理委员、室友等人员的观察记录
C. 抑郁倾向筛查量表
（测试预警总分及因子分得分情况）
D. 面谈鉴别评估结果描述
1. 自杀意念：
2. 自杀计划：
3. 自杀企图——过往的自杀行为：
E. 医院就诊结果
（包括医生诊断结果、是否服药和接受心理治疗或咨询情况）

续　表

预警等级	□中危　□高危	预警次数	第　次
中危的评估依据			
高危的评估依据			

	中危	高危
干预 方案		

注：此表由心理健康教育专（兼）职教师负责填写，并与其他材料一起备案。

（三）建立危机预警库，做好危机预警与上报

三类危机学生，以及疑似有心理疾病、心理障碍、精神疾病的学生，都要纳入心理危机预警库（见表 6 - 4）。对于中危学生和高危学生要重点预警。

表 6 - 4　中高危心理危机学生预警库

中高危心理学生预警名单						
序号	姓名	年级 班级	学校	危机 类别	是否已制定 干预方案	联系人及电话

（作者：周茹）

第四节
根据危机等级选择处置措施

学校应根据学生心理危机的严重程度分别采取不同的处置措施。

一、低危学生——协同关注

对于低危预警的学生，在严格保密的前提下，心理健康教育教师将预警学生情况通报班主任，协同班主任予以关注即可。

二、中危学生——介入并跟进

（一）班主任的工作

1. 从其他科任教师处收集更多学生信息。

2. 与该学生倾谈，表达关心，持续地观察学生的行为和情绪起伏，记录观察结果，并向学校危机干预小组提供有关资料。

3. 询问学生是否愿意接触心理健康教育老师或其他专业人员。

4. 在课堂上为学生提供支援及调适。

5. 通知家长有关该学生的情况，与家长保持紧密联系。学校最好能与家长会面，表达校方的担心，并商讨学生可能需要的安全支持及支持措施。如能先告知学生再安排与家长会面，学生会感到受尊重，效果更为理想。家长收到其子女有自杀倾向的消息后，往往十分担忧，并感到难以理解或接受。当联络家长时，向他们表示理解及关心，将有助于双方畅顺沟通。

6. 家校沟通中的常见难题与应对策略

（1）学校层面的难题与应对策略：一方面，学校层面处理青少年学生心理问题和心理危机的专业性不足，难以及时给予家长有效的支持和科学的指导。学校要加强危机干预队伍的专业化培训，熟练并优化心理危机干预程序，普及并掌握青少年心理问题和心理危机的相关知识。另一方面，学校过于注重安全管理，忽视家校情感互动。面对可能发生危机隐患的在校生，部分学校会以规避风险、推卸责任为出发点，和家长进行非常官方的、程序性的会谈，比如冷冰冰地以一纸知情同意书告知家长可能存在的风险，签订《不自杀协议》《安全责任承诺书》，这容易引发家长的防御和愤怒，家校沟通与合作就更无从谈起了。学校要理解家长的感受和处境，把《不自杀协议》《安全责任承诺书》改成温情的《安全计划》《家校合作同意书》，打消家长内心的恐惧和疑虑，获取信任和合作的意愿。

（2）家长层面的难题与应对策略：家长所受教育程度、对心理问题的认识、家庭经济状况与家庭结构都各不相同，这会导致家校沟通中出现不同的状况。总体而言，家长有以下 4 种类型。

第一种，焦虑不安型家长。这类家长，尤其是妈妈，自身情绪不安，甚至哭泣，过分担忧自责，心理状况不佳或社会支持系统较弱。对这种类型的家长，学校要先稳定其情绪，给予肯定，并帮助其寻找外部和内部资源，提升家长的胜任感和胜任力。

第二种，否认回避型家长。这类家长往往对现实做出如"孩子在家不这样啊""他不会死，就是作，想一切都随着他，威胁我们呢"等回应。他们要么在养育方面有巨大的挫败感，为了消除这种挫败和无能感，在防御机制驱使下做了这种不合理的归因，要么是怕学校推卸责任，一旦承认孩子有问题就会面临孩子无法正常上学，需要家长陪读或休学等问题，要么可能对心理问题存在误解，有病耻感。对此，学校要引导家长合理归因，将学生与问题分离，使学校、学生、家长三方转变成以当前问题为靶点的利益共同体，以帮助学生解决问题、保护学生生命安全为共同目标。

第三种，质疑挑刺型家长。这类家长一般对学校不太信任和认可，在沟通中像刺猬一样，想把责任全部归结于学校环境或教育方法，焦点都在孩子出现心理问题的原因上。面对这类家长，学校要把"原因焦点"转换到"解决焦

点"，避免在家长处于应激状态时与其争辩，激化其抵触心理。焦点解决短期
疗法认为事出未必有因，聚焦于未来解决之道的探索比探索过去更能提升能
量，所以，和家长合作探索行之有效的方案更有用。

　　第四种，担忧顾虑型家长。这类家长在交谈中比较担忧的是现实性问题，
比如如何在医院就医及康复、看病的花费、孩子的学业、何时复学等。学校可
以在共情家长的担忧后，针对他们的顾虑提供专业的解答，提供科学的危机应
对策略和方案，让家长明白及时就医或接受专业系统的心理咨询的必要性，让
家长深刻地意识到孩子的身心健康是完成学业的前提，并制定可行的复学方
案，减轻家长的顾虑。

　　总之，学校要提前通过各种渠道充分了解学生及其家长的情况，做到充分
预设、有备而来，提前准备两套及以上可行性方案，便于随机应变或供家长选
择。在与家长沟通时，学校应尽可能共情家长的处境，多使用"咱们""一起"
"共同"这些表示家校合作意愿的词汇，注意不要与家长辩论或处于对立、教
导的角色，先理解接纳再拓宽家长的思维，及时捕捉家长话语中的正向资源和
成功经验，给家长赋能。

（二）科任教师的工作

　　1. 提供更多有关该学生行为表现的信息。

　　2. 在课堂上为该生提供第一层支援。包括安排弹性学习任务以降低学生的
压力；给予学生较多的积极关注或鼓励；安排有爱心及乐于助人的学生为其提
供协助及支持；安排该学生多与同学进行正面互动；多注意该学生的情绪需要
及可能触发他/她负面情绪的事物；事先计划及与该学生商讨在课堂上感到苦
恼时可以如何处理（如在上课时休息或向心理健康教育教师求助）。

（三）心理健康教育教师的工作

　　1. 与该学生面谈以评估其自杀风险，并提供初步支持

　　引导学生思考照顾自己的方法，帮助学生思考应对技巧和寻求支援的方
法，引导学生回想以往协助其成功克服困难和自杀念头的方法和支援，为学生
赋能。还可以引导学生制作一份清单，列出当他/她萌生自杀念头时有助于克
服困难的技巧和寻求支援的方法，并制订学生所用的安全计划（参考中国心理
学会临床心理学注册工作委员会制作的学生用安全计划）（见表 6 - 5）。

表 6-5 安全计划模板（学生用）

中国心理学会临床心理学注册工作委员会制

安全计划（学生用）

我是＿＿＿＿＿＿，咨询师已对我的心理状况进行了评估，我感受到咨询师对我生命珍视和在意。我与咨询师约定，自＿＿＿＿年＿＿＿＿月＿＿＿＿日至＿＿＿＿月＿＿＿＿日，无论在何种情况下，都不去做出伤害或危及自己和他人安全的行为。

如果我有伤害自己或他人的强烈想法或行为倾向时，我会按照以下危机应对行动计划执行。

危机应对行动计划

若我想自我伤害或伤害他人，我会采取以下行动来应对：

1.＿＿＿＿＿＿＿＿＿＿＿＿＿＿＿＿＿＿＿＿＿＿＿＿＿＿＿＿

2.＿＿＿＿＿＿＿＿＿＿＿＿＿＿＿＿＿＿＿＿＿＿＿＿＿＿＿＿

3.＿＿＿＿＿＿＿＿＿＿＿＿＿＿＿＿＿＿＿＿＿＿＿＿＿＿＿＿

我会主动联系下面这些可以帮助我的人或机构：（可以引导写父母、亲友、老师的联系方式）

1. 姓名：＿＿＿＿＿关系＿＿＿＿＿手机/电话＿＿＿＿＿＿＿＿＿

2. 姓名：＿＿＿＿＿关系＿＿＿＿＿手机/电话＿＿＿＿＿＿＿＿＿

3. 姓名：＿＿＿＿＿关系＿＿＿＿＿手机/电话＿＿＿＿＿＿＿＿＿

4. 可拨打的心理援助机构电话：

＊24 小时心理危机干预电话：＿＿＿＿＿＿＿＿＿＿＿＿＿＿＿

当地紧急服务机构电话：＿＿＿＿＿＿＿＿＿＿＿＿＿＿＿＿＿

全国心理援助热线：800-810-1117（仅限固定电话拨打）；010-82951332（固定电话、移动电话均可拨打）。

来访者签字：＿＿＿＿＿＿＿ 日期：＿＿＿＿＿＿

2. 定期与该学生会面，有需要时提供团体或小组训练、个别辅导。

3. 为该学生提供相关专业资源的资讯，如果该学生的情况持续恶化，可进行转介。

4. 在有需要时，统筹开展与班主任、校领导、家长的会议。要与家长签订《安全计划书》（家长用）（见表 6-6），并准确记录学校所采取的所有干预步骤和行动，以备未来所需（参考中国心理学会临床心理学注册工作委员会制作的家长用安全计划书）。

表 6 - 6 安全计划模板（家长用）

中国心理学会临床心理学注册工作委员会制

安全计划书（家长用）

（某某）同学的 _____（监护人称谓）您好：

请您知悉孩子曾出现自我伤害和伤害他人的想法或行为，存在生命安全风险。学校心理老师已跟孩子签署心理安全计划。

学校的建议是：

1. 进行医学诊断，如果有需要进一步治疗，需严格遵守医嘱。

2. 家长注重近期全天 24 小时监护孩子生命安全。

3. 和学校保持联系，在风险解除前每周与班主任/心理教师沟通孩子的状况。学校心理辅导室联系电话：

4. 为了孩子的心理安全，需要紧急帮助时可拨打心理援助机构电话：

﹡24 小时心理危机干预电话：

当地紧急服务机构电话：

监护人已了解以上情况，并知晓孩子处于危机风险中，会负起保护孩子安全的责任，也清楚地知道学校为此所做出的努力与工作。（此计划书一式两份，一份由家长/监护人保存，一份由学校保存。）

全国心理援助热线：800－810－1117（仅限固定电话拨打）；010－82951332（固定电话、移动电话均可拨打）。

家长/监护人签名：

年　　月　　日

5. 如有需要，咨询督导的意见。学校其他心理健康教育教师、社工和学校聘请的其他心理专家、县区心理教研员会为你提供支援，协助你处理有自杀念头或意图的学生。

三、高危学生——确保安全并转介

（一）确保安全

经自杀风险评估后，如果发现学生有迫切自杀风险，如学生口头表达具体的自杀计划、近期有过自杀企图，且有强烈的自杀意念，则应按照危机干预第一原则——绝对安全的精神，立即向学校危机干预小组寻求支援，同时确保学生不独处，时刻有成人轮流陪同；移走所有可能对学生造成伤害的物件。有跳楼意念的学生能且只能待在1楼或地下室，以确保学生安全。

（二）按流程实施转介

经危机评估发现有高危学生时，学校要第一时间通知家长，由学校危机干预工作领导小组组长、德育主任、心理健康教育教师及班主任组成会谈小组，与家长进行多方会谈，告知家长学生其心理危机情况及可能发生的危机，建议家长陪同学生到专业医疗机构接受诊断和治疗，并引导家长签署《学生心理健康状况告知书》。学校不能强制将学生送医，除非其做出伤害自身安全、危害他人安全的行为，或其有伤害自身、危害他人安全的危险时。

（三）持续跟踪管理

对于经医院诊断学生确有严重心理疾病、精神疾病或自杀危机，需回家休养或住院治疗的学生，学校要积极配合并要求家长履行请假手续或办理休学手续。在学生请假休学期间，学校要做好持续跟踪，定期与学生及家长沟通联系，及时了解和掌握学生治疗的进展、康复情况，表达对学生的关爱，指导家长陪同监护与坚持治疗。对拒不转介就医或休学治疗的，学校应要求学生签署《不自我伤害契约书》（见表6-7），家长签署《安全责任承诺书》（见表6-8），并成立由德育主任、心理健康教育教师、班主任、心理委员组成的监护小组，进行全程动态管理和安全看护，定期开展心理辅导和风险评估，如发现异常要及时与家长沟通。

表6-7　不自我伤害契约书

不自我伤害契约书

姓　名：_____　性　别：□男　□女　生日：____年____月____日

学　号：_____　年　级：_____

班　级：_____　联系方式：_____　家庭地址：_____

我对自己目前的心理问题和严重程度有所了解，但仍希望继续留校读书。我与督导老师约定，自今日起，会好好爱惜自己，无论在怎样的情况下，我都不会做出伤害自己或他人的行为。但是如果发现自己情绪低落，很难控制自杀念头、冲动行为或伤害他人的想法时，我会立刻打电话给心理健康教育教师、班主任、家人、朋友或同学，或直接

续　表

前往学校心理辅导中心或班主任办公室，以寻求帮助。若无法联系到心理健康教育教师或班主任，我也会及时拨打危机干预热线请求协助。

我清楚我的自伤（伤人）行为将会造成咨询必须中断的结果。一旦我有自伤（伤人）的行为，学校将立刻启动危机个案紧急处理系统，通知我的班主任及家长。

班主任姓名及电话：

家长双方姓名及电话：

※若我想自我伤害，我会先联系：

1. 姓名：　　　　　关系：　　　　　电话：

2. 姓名：　　　　　关系：　　　　　电话：

3. 姓名：　　　　　关系：　　　　　电话：

※补充信息：危机干预热线

清华大学心理援助热线：4006806101

教育部华中师范大学热线：4009678920、010－67440033、027－59427263

清华幸福公益常态化心理援助热线：4000－100－525

清华幸福公益青少年心理专线：4000－100－525－2

来访者签字：＿＿＿＿　　　日期：＿＿＿＿

表6-8　安全责任承诺书

安全责任承诺书

＿＿＿＿＿＿学校：

您好！我是贵校＿＿年级＿＿班＿＿同学的家长。由于孩子出现心理问题，学校已对他／她进行了一系列的干预辅导，后转介给校外心理专科医生，经医院诊断为＿＿＿＿＿＿，医生建议复诊，持续服药，家长陪伴并接受心理治疗。孩子目前的情况不适宜继续留校学习，学校强烈建议孩子暂停学业，由家长陪同监护，并定期带其接受心理治疗，辅以药物治疗，直至康复。

但经一家人商量，孩子和我们仍然希望继续留校正常学习。现特做如下承诺：

每周与班主任沟通孩子的心理状况，定时复诊，家长负责其个人安全。

退出学校住宿，家长陪读并照顾孩子生活起居，每天负责上下学接送。

若孩子在校学习期间出现较大情绪及行为波动，家长立即到校接回并继续治疗直至其状态稳定。

在此期间，如有任何意外情况发生，家长愿意自行承担相应责任。

上述承诺，承诺人将严格守约。

希望贵校予以批准，谢谢！

家长签名（父母双方）：_____

家长联系方式：_____

学校公章：

年　月　日

（作者：周茹）

第五节
急性危机事件的紧急反应及注意事项

危机干预像打仗，应对的几乎都是突发事件，而且不能独立作战，要团队协作。团队不仅能促进内部资源互助，而且能分担压力和焦虑。团队中包括具体执行者，比如能够 24 小时轮流监督家人、朋友、同学等，包括能提供人力、物力、财力等资源的领导者，还有能制定方案，提供方法和技术支援的心理专家。

一、危机事件发生前的介入策略

一旦发现有即刻自杀或伤人风险的学生，要立即上报学校危机干预工作领导小组，启动危机干预流程。

1. 将学生转移至安全地方，确保学生人身安全。

2. 成立监护小组，实行 24 小时全方位监护。看护学生时，要至少有两位教师同时在场。

3. 第一时间通知家长，做好转介与安全责任移交。

4. 学校心理健康教育专/兼职教师要对当事学生进行初步的自杀危机评估，开展危机干预。

二、危机事件发生时的干预策略

当发现有正在实施自伤、自杀行为的学生，如其站在窗边要跳下去、正在割腕、正在吞药等时，要视具体情形采取急救措施并立即上报学校危机干预工作领导小组，危机干预工作领导小组要根据具体危机事件启动相应的心理危机应急处置预案。

1. 立即去除自杀自伤工具，实施初步急救，必要时要即刻送医或拨打110、120，确保学生生命安全；在救援人员到达现场后告知最新及准确的情况，在整个救援过程中时刻与救援人员保持密切联系（医疗救护组与现场维护组）。

2. 由两名教职员（如当事人的班主任和心理健康教育教师）与企图自杀的学生对话，设法稳定其情绪，终止自杀行为。同时，附近应有其他教职员工提供后备支援（心理危机干预组）。

在与有迫切自杀风险的学生对话时，需要注意以下内容：

（1）细心聆听学生说话，表达同理心，不加批判。

（2）表示愿意与学生一起解决问题。

（3）切勿向学生提供手机，以免他/她与令自己情绪升温的人通电话。

（4）直接给予学生指示："不要这样做""站在那里""听我说"。

（5）有需要时可向学生提供饮品、食物和额外的衣服。

（6）注意谈话技巧，区分应该说与不应该说的话。

3. 对于正要自杀的学生，学校要尽可能准备各种应急的救生工具，如救生气垫、担架等，以最大限度保障学生生命安全。

4. 组织目击学生迅速撤离现场，安抚相关学生。控制现场，避免其他师生目睹现场情况或闯进事故现场。管理的方法可能包括：封锁通往走廊或天台的入口；放下教室窗帘；视情况疏散学生/确保学生留在教室内；重新安排学生作息（如午休、午饭、晚饭等）；在有需要时重新安排或停止校内活动；计划放学后的安排（校园管理协调组）。

5. 第一时间通知家长赶赴学校，如果学生已送至医院救治，学校要陪同家长赶往医院（家长联络组）。

6. 如果当事学生不需要去医院救治，要实行 24 小时全方位监护。看护学生时，要至少有两人同时在场，待家长来到后，做好转介与责任移交。

7. 学生获救后，应立即送往医院进行精神健康检查，并在有需要时留院观察（医疗救护组）。

8. 要做好家长善后、相关信息披露与舆情管理。

三、危机事件发生后的处置策略

1. 第一时间就地抢救或立即联系专业营救，拨打 110/120。
2. 组织目击学生迅速撤离现场，安抚相关学生。
3. 设立围挡警戒线，及时保护现场，配合警方协调取证。
4. 第一时间联系家长到现场或陪同去医院。
5. 要做好家长善后、相关信息披露与舆情管理。
6. 及时上报相关教育行政主管部门。

四、对受危机事件影响的相关人员的安置与安抚

在各种危机事件的处理中，危机干预对象不仅包括危机当事人，还包括受危机事件影响的相关人员，如目击者、班级甚至全校学生、学校领导、班主任、相关任课教师、保洁员、门卫等等。

对受影响人员的危机干预，原则上应在危机事件发生后 24～72 小时内进行。要对相关人员开展危机评估，对于受影响较轻的，开展生命教育讲座或大团体心理辅导；对于受影响较大的，开展小团体危机干预；对于受影响重大的，要开展个体危机干预，后续还需进一步评估，做进一步的处理和干预，如有需要，可寻求危机干预专家组的指导与帮助。对于自杀未遂的危机学生，学校要适时开展个体危机干预，定期进行心理辅导，给予学习与生活帮助。在医疗救治后，要做好转介。

五、控制谣言与预防模仿

发生学生危机事件后，学校需安排教职员监察社交媒体和学生社交网络上的动态，关注学生之间分享的信息，因为这是学生最常用的沟通和表达想法、感受的渠道。应关注的信息包括：谣言、欺凌信息、任何指向学生自杀风险的信息。

发现有关内容后，需采取的行动包括：辟除谣言；举报冒犯性的内容；在有需要时为保障学生安全而通知家长及/或呼叫紧急医疗服务；提醒学生恰当

处理社交媒体散播的信息，并遵守网络礼仪。学校还应利用社交媒体分享推广心理健康科普知识与心理咨询常识等，预防其他学生模仿自杀行为。

六、回应媒体采访

危机事件发生后，学校应尽快主动发布消息。学校要告知每位教职工把外界提问转交发言人处理。回应媒体时，发言人必须充分掌握事件发展动态及校方立场，做到思路清晰，措辞严谨，能预设并答复媒体的有关问询。学校可提供新闻稿，简要交代事件的始末及学校的跟进工作，并安排合适的地点和时间与媒体会面。

（作者：周茹）

第六节
危机事件后的安抚与疏导

处置危机事件后，学校要对接受心理危机干预的当事人和重点人群进行后续的心理评估和辅导，跟踪监控他们的心理健康状况；为危机学生提供学习、生活等方面的恰当安抚与疏导，以避免或减少二次伤害。

一、对当事人及其家庭的安抚与疏导

（一）协助自杀未遂学生重返校园

曾经企图自杀的人在之后的数月内有较大风险再次自杀。因此，必须密切关注曾经自杀后获救的学生重返校园的情况，并与家长及其他提供支援服务的专家保持紧密联系。学校应提醒教职工以接纳、体谅和鼓励的态度对待重返校园的学生。协助自杀未遂的学生返校，需要做好以下工作。

1. 制订复课计划

（1）复课前准备

学校需仔细为自杀获救后曾短暂停学，并准备重返校园的学生制订复课计划。除按学生学籍管理办法办理外，家长应向学校出具医疗机构给出的心理疾病康复证明。随后，学校应竭力让学生顺利和安心地重返校园。拟定全面的复课计划有赖于专业人士、学校人员、学生及其家长的通力合作，学校要与学生及其家长会面，共同议定适当的复课时间和细节，检视学生的安全计划。

（2）复课的安排

①让该学生循序渐进地重返校园。

②提出学生弹性学习及生活要求。

③学生较为适应后渐渐提高要求，以协助学生逐步应付日常活动。

④在有需要时协助学生重建社交支援网络。一段稳定及让学生感到被接纳的关系，对学生的康复非常有益。

⑤为学生安排训练，提高其应对压力的技能。与学生日常相处时多给予鼓励，以提升其自我形象。

⑥安排学校辅导人员与该学生及/或其家人定期会面，了解并跟进学生的康复进展，以观察学生重新融入校园生活的进度，留意可能再次触动该学生情绪的周年纪念日和特别事件，制订长远的预防自杀计划。

2. 重建社会支持网络

（1）与相关学生预先准备迎接和支持该学生重返校园的策略，例如建立朋辈支援计划。

（2）在该学生重返校园前与其好友及/或"敌人"会面，讨论他们对事件的感受，和如何向该生表达关怀。

（3）在该学生返回校园后的数日至数星期，观察他和同学们之间的相处情况。一旦出现任何欺凌行为，应从速处理。

3. 回应有关企图自杀事件的问题

若该企图自杀事件广为人知，事后宜与学生做课堂讨论来辟除谣言和鼓励寻求援助，同时提醒学生需关心和尊重他人，不鼓励学生们就该学生或事件散播谣言或广泛讨论。

若该学生经常主动向其他学生详细讲述有关自己企图自杀的事件，可尝试为他/她创设其他讨论途径，如约见学校心理健康教师做个别辅导。

不要美化或浪漫化任何自杀者或自杀行为，营造安全健康的学校环境，倡导精神健康。

（二）对死亡学生家庭的安抚与疏导

1. 慰问家属：校长或学校代表可连同学校心理健康教育教师和死者的班主任，前往探访及慰问死者的家人，并协助落实所需支援。

2. 出席丧礼：学校可安排教职工代表出席丧礼，在有需要时为死者家人提供适时和恰当的协助，允许其他学生选择是否出席丧礼或以其他方式表达对死者家属的心意。

二、对其他重点人群的安抚与疏导

（一）对受影响教师的安抚与疏导

对于情绪受到困扰的教师，校长可考虑安排其他教师代替他们的工作，并寻求心理学家或社工的协助，提供心理辅导，还可考虑向外界寻求跟进辅导服务。

（二）对受影响学生的安抚与疏导

在危机发生后的不同阶段（危机发生后即时、数天、数星期），需要持续观察和评估学生的反应，以便在不同的阶段安排适当的支援。

1. 向学生宣布消息：学校应尽快将有关事件通知学生，减少学生间出现无根据揣测的机会。延误宣布可能会引起不必要的焦虑。应尽量简单地解释校方正在进行及准备进行的工作；简单介绍应对危机事件所带来的反应的恰当策略；如果涉及死亡，教师可陈述简单悼词；避免描述自杀行为的细节，以免产生不必要的恐惧或模仿自杀的行为。学校应保持不批判的态度，并避免把事情美化，同时鼓励学生在遇到困难时寻求协助。

2. 特别班会课：心理健康教育教师协助班主任开展特别班会课，为受影响学生提供心理教育辅导，教给他们常见的认知、情绪、行为反应、应对策略和求助途径，并继续观察他们的反应。若察觉某些学生情绪受到较大困扰，可安排进一步的支援，如小组或个别辅导。

3. 小组辅导：有需要时，学校可把受困扰程度相近的学生、在危机事件中经历相近的学生或与当事人关系较密切的学生编入同一小组进行辅导。小组辅导应由心理健康教育教师或其他心理专家带领，小组人数建议为 8～10 人。此外，辅导人员需与家长密切沟通，并在小组活动后继续跟进学生情况。

4. 个别辅导：如个别学生因危机事件受到严重影响，学校应安排心理健康教育教师或心理专家提供个别辅导，甚至转介至专业的医疗机构做较长期的辅导或接受医疗服务。

5. 转介治疗：个别学生需要转介至专业的医疗机构做较长期的辅导或接受医疗服务，学校也要保持跟进，以便在校内做出适当的配合及跟进支援工作。

6. 举行追思活动：学校可通过安排追思活动让学生表达对死者的怀念及抒发哀伤情绪。追思活动应传递正面和积极的讯息，提供学生与死者道别的途径，代表事件的终结，也是对死者的一种尊重。

（三）对其他学生家长的安抚与疏导

1. 家长特别通告：在危机事件发生当日拟好家长特别通告，并派发给学生带回家中。要尊重当事人个人隐私，只报告事实，避免臆测或假设；告知家长校方已采取何种适当措施。

2. 家长说明会：学校可在家长特别通告中通知家长有关家长说明会的安排。说明会应有充足的时间回应家长提问，并提供班级讲座或个体辅导，如"家长如何协助子女面对危机事件""家长如何协助处理子女的常见情绪问题"等。

（作者：周茹）